古典文獻研究輯刊

二七編

潘美月・杜潔祥 主編

第 2 冊

明代書目研究（上）

孫 蘊 著

國家圖書館出版品預行編目資料

明代書目研究（上）／孫蘊 著─初版─新北市：花木蘭文
化事業有限公司，2018〔民 107〕
目 8+162 面；19×26 公分
（古典文獻研究輯刊 二七編；第 2 冊）
ISBN 978-986-485-560-5（精裝）
1. 目錄學 2. 明代
011.08   107012239

ISBN- 978-986-485-560-5

9 789864 855605

古典文獻研究輯刊
二七編 第 二 冊   ISBN：978-986-485-560-5

明代書目研究（上）

作　　者　孫蘊
主　　編　潘美月　杜潔祥
總 編 輯　杜潔祥
副總編輯　楊嘉樂
編　　輯　許郁翎、王筑　美術編輯　陳逸婷
出　　版　花木蘭文化事業有限公司
發 行 人　高小娟
聯絡地址　235 新北市中和區中安街七二號十三樓
　　　　　電話：02-2923-1455／傳眞：02-2923-1452
網　　址　http://www.huamulan.tw 信箱 hml 810518@gmail.com
印　　刷　普羅文化出版廣告事業
初　　版　2018 年 9 月
全書字數　397174 字
定　　價　二七編 24 冊（精裝）新台幣 46,000 元

明代書目研究（上）

孫蘊 著

作者簡介

孫蘊，女，山東煙台人。山東大學儒學高等研究院中國古典文獻學博士。師從杜澤遜教授，從事目錄學、版本學、儒學、傳統經學等方面的研究。於《周易研究》、《江海學刊》、《國學季刊》等專業刊物內皆有論文發表。現爲魯東大學文學院教師、魯東大學東北亞研究院儒學研究室主任。

提　　要

　　明代的書目編纂是中國古代書目編纂史的重要組成部分。對明代的書目進行全面、系統的探討，是研究中國古代目錄學史的必經階段。

　　明代書目編纂的成果較多、種類多樣。明代的文淵閣、行人司、地方府學、書院等機構都有大量的藏書，大多編有藏書目錄。各家私人藏書、藏書目的數量較之前代皆呈井噴式增長。史志書目方面，兼有國史目錄、政書目錄及數十種方志藝文志。又有經學、醫學、戲曲、宗教等多種專科書目。又有公、私、坊刻書目、地方及個人著述書目、辨僞書目、引用書目等諸家特種書目。此外，尚有大量存世的序跋題記，可看做對書目解題的補充，亦是研究明代書目及作者的重要資料。

　　明代書目於書目體例、著錄內容、編纂方式上皆多有創新。其對四部分類法有繼承、又有改進；在同一書目中往往綜合運用多種設類依據；對書籍相關信息的著錄既簡要又靈活；不僅保存了前代書籍的線索，更載錄了明代著述、刻板的具體情況；不僅著錄了書籍信息，更著錄有相關的學術思想。明代的書目編纂為後世的目錄學工作打開了新的思路，具有重要的研究價值。

　　在學界各領域的研究過程中，不乏對明代目錄學成果的參考利用，但專門針對這些成果的研究卻寥寥可數，且多集中於對明代的某幾部書目的研究，而對大多書目並未有所涉及。通過對明代的書目、明代的目錄學家及目錄學思想進行全面、公正、客觀的探討，通過分析、歸納的方法對其做出宏觀的研究，對研究中國目錄學史、乃至整個學術史而言都是必要的，具有不可或缺的現實意義與學術價值。

　　本書將明代各家書目分為公藏、私藏、史志、專科、特種五部分，從論述目錄學家的目錄學事蹟、清理書目的存佚與版本、探討書目的形成、探討書目的編纂體例、探討書目的著錄方法、分析書目的特色、評價書目的成就七個方面入手，對明代諸家書目進行逐一研究，力求全面、系統地論述明代的書目成果。

　　引用書目在我國問世較早，於明代得到弘揚。本書對這種特殊目錄的產生、發展、類型、特點等做了大致論述，並簡要進行舉例分析。胡應麟是明代目錄學思想的集大成者。本書通過對《四部正訛》、《經籍會通》等目錄學成果的分析，對胡應麟的目錄學思想做了整體的探討。

　　各家書目之外，本書以《讀書後》、《南濠居士文跋》二種序跋著作為例，窺豹一斑，探討了明人的序跋題記，認為其在一定意義上具有補充書目解題之未備的史料價值。

　　明代是我國傳統目錄學的興盛時期。明代的書目編纂具有一定數量規模，且種類多樣，形成了空前完整的目錄學體系。通過本文的研究，筆者認為，相對前後各代書目而言，明代書目具有較為突出的主觀性、靈活性、實用性特點。

類目設置方面，明代的書目大多突破了傳統四部分類法的束縛，採用了根據收錄對象的實際情況靈活設類的方式，並往往在同一部書目內將多種分類依據綜合併用。明代書目中不僅產生了藩府類、舉業類、性理類等新的類目，且其對類書、叢書、釋道等書籍的歸置方式較之前代亦呈現出新的格局。其中將四書類與五經類並行設立的設類方式更是成為後世定例。

　　著錄內容方面，明代書目既有對前代書籍線索的保留，亦有對明代著述成果的載錄。此外，又有《南雍志・經籍考》、《內板經書紀略》等兼記書、板，《南詞敘錄》兼記理論、作品，《曲品》兼及作者、作品等特殊著錄內容的存在。明代書目雖少有解題，但往往以簡要、靈活的方式著錄相關信息。明代書目大多著錄作者姓名、籍貫等，更有詳記其生平者，具有重要的史料集志。如《錄鬼簿續編》對羅貫中生平的記錄，便是現今而言唯一可查的史料，極為珍貴。此外，以趙定宇、趙琦美等為代表的明代目錄學家具有極高的版本意識，其書目中對版本項的著錄極為豐富，直接啟發了錢謙益、錢曾等人的版本學思想。明代書目的著錄內容，是考求中國古代學術史的重要資料來源。

　　著錄方法方面，明代書目中首次出現了互著、別裁的著錄方法，合併著錄法、表格式著錄法、千字文編號法等亦被多次運用，使得明代的書目編纂整體呈現出簡明扼要的風格。明代書目普遍具有注重普查、方便檢索的特徵。統計收錄、便於檢索的工具性是書目的基本屬性，這一屬性在明代首次得到了強調。自此以後，書目的工具性逐步為世人所重。統計完整、方便檢索亦成為書目編纂的首要任務。

　　書目的分類體系、著錄內容、著錄方法三方面，是對目錄學家的目錄學思想的直接反映。明代目錄學家不拘常規、大膽創新、勇於實踐的目錄學思想，為四部分類法的成熟、完善提供了契機，也為當代目錄學奠定了理論與實踐基礎。

中　冊

緒　論

一、明代書目編纂概況

　　自《七略》、《別錄》以降，中國於書目編纂方面積累了豐富的成果。目錄學研究者的任務之一，便是對歷代的目錄學成果進行清理、總結，從而對其進行學術價值評判。對明代的書目進行研究是中國目錄學研究中不可或缺的一個環節。

　　明代是我國傳統目錄學的興盛時期。明代的書目編纂不僅成果較多，而且內容性質多樣，形成了空前完整的目錄學體系。現存的明代書目中，公藏書目有《文淵閣書目》、《秘閣書目》、《內閣書目》、《行人司重刻書目》等宮廷、內府機構藏書目以及白鹿洞書院、百泉書院、共學書院、虞山書院等院藏書目。私藏書目有《吳文定公藏書目》、《濮陽蒲汀李先生家藏書目》、《晁氏寶文堂書目》、《趙定宇書目》、《百川書志》、《江陰李氏得月樓書目》、《脈望館藏書目》、《澹生堂藏書目》、《世善堂書目》、《徐氏家藏書目》、《萬卷堂書目》、《笠澤堂書目》等，又有《玄賞齋書目》、《籙竹堂書目》等後世訛託的明人藏書書目。史志書目中，國史目錄有《國史經籍志》，政書目錄有《續文獻通考・經籍考》，又有以（嘉靖）《浙江通志・藝文志》、（成化）《杭州府志・書籍》爲代表的大量方志藝文志。專科書目中，有《經序錄》、《授經圖義例》等經學書目，有《醫藏書目》等醫學書目，有《大明三藏聖教南藏目錄》、《大明三藏聖教北藏目錄》、《藏逸經書》等釋藏目錄。有（正統）《道藏經目錄》、（萬曆）《續道藏經目錄》、《道藏闕經目錄》、《道藏目錄詳注》等道

藏目錄。有《太和正音譜·群英所編雜劇》、《錄鬼簿續編》、《遠山堂劇品》等雜劇目錄。有《南詞敘錄》、《舊編南九宮目錄》、《曲品》、《遠山堂曲品》等戲曲目錄。特種書目中，有《古今書刻》、《內板經書紀略》、《南雍志·經籍考》、《明太學經籍志》、《汲古閣校刻書目》、（景泰）《建陽縣志續集·典籍》、（嘉靖）《建陽縣志·書坊書目》等官、私、坊刻目，有《蜀中廣記·著作記》、《兩浙著作考》等地方著述目錄，有《楊升庵著書目》、《天寶藏書目》等個人著述目錄，有《六家詩名物疏》、《稗史彙編》等眾多書籍的引書目錄，又有《四部正訛》等辨偽目錄。此外，又有《隱湖題跋》、《讀書後》、《南濠居士文跋》等明人序跋題記的專著以及散見於各書著錄的大量題跋，皆是研究明代書目、明代書目作者的相關資料。

二、明代書目的研究價值

　　明代書目於著錄內容、編纂體例上多有創新，為中國的書目編纂打開了新的思路。類目設置方面，明代的書目大多突破了傳統四部分類法的束縛，採用了根據收錄對象的實際情況靈活設類的方式。藩府類、舉業類、性理類等新類目皆在明代問世，而四書類與五經類並行的做法更是成為後世定例。以上種種，體現出了書目的實用性與時代性，這也是當今書目編纂中需要強調的地方。著錄方面，《續文獻通考·經籍考》對戲曲小說的收錄是對政書著錄體制的創新，《經序錄》的輯錄體編纂模式成為朱彝尊《經義考》的先河。此外，明代書目普遍具有注重普查、方便檢索的特徵，這是中國古代目錄學史上對書目基本屬性的首次強調。自此以後，書目的工具性逐步為世人所重。統計完整、方便檢索成為書目編纂的首要目的，為當代目錄學理論奠定了基礎。

　　在學界各領域的研究過程中，不乏對明代目錄學成果的參考利用，但專門針對這些成果的研究卻寥寥可數。明代的目錄學成果主要通過書目的編纂以及目錄學理論表現出來。筆者認為，通過對明代的書目、明代的目錄學家及目錄學理論進行公正客觀的探討，通過分析、歸納的方法對其做出宏觀的研究，對研究中國古代目錄學史乃至學術史而言都是必要的，具有不可或缺的現實意義與學術價值。

三、本課題研究的歷史與現狀

（一）歷代目錄學史中有關明代的章節

對明代書目的研究是中國目錄學史研究的一個環節，已有的諸家目錄學史專著中皆有涉及到明代書目的內容。

其中，傅璇琮，謝灼華主編的《中國藏書通史》（寧波出版社，2001）於第六編《明代藏書》部分對明代的公私藏書及藏書目、藏書理論等做了較爲詳細的討論。姚名達《中國目錄學史》（上海古籍出版社，2002）於《校讎篇》、《史志篇》、《宗教目錄篇》、《專科目錄篇》、《特種目錄篇》之中皆有對明代相應書目的討論。王欣夫《文獻學講義》（上海古籍出版社，2005）偏重介紹了明代的坊刻及版本類型。南炳文，何孝榮《明代文化研究》（人民出版社，2005）於第五章《圖書事業的興盛》部分對明代的刻書情況、以《文淵閣書目》與《國史經籍志》爲代表的公私藏書目以及胡應麟的目錄學成就做了大致的介紹。呂紹虞《中國目錄學史稿》（武漢大學出版社，2012）對明代幾家代表性書目做了簡單的介紹，並列舉了其中幾種的類目結構。來新夏，柯平《目錄學讀本》（上海交通大學出版社，2014）重點討論了明代目錄學的編製與理論，又簡略介紹了明代的書目若干種。

此外，（日）青木正兒《中國近世戲曲史》（上海文藝聯合出版社，1954），王重民《中國善本書提要》（上海古籍出版社，1983）、《中國目錄學史論叢》（中華書局，1984）、《校讎通義通解》（上海古籍出版社，1987），張秀民《中國印刷史》（上海人民出版社，1989），李致忠《歷代刻書考述》（巴蜀書社，1990），來新夏《古典目錄學》（中華書局，1991）、《古典目錄學淺說》（中華書局，2003），喬好勤《中國目錄學史》（武漢大學出版社，1992），趙所生，薛正興《中國歷代書院志》（江蘇教育出版社，1995），卿希泰《中國道教史》（四川人民出版社，1995），程千帆、徐有富《校讎廣義》（齊魯書社，1998），李富華、何梅《漢文佛教大藏經研究》（宗教文化出版社，2003），張昇《明清宮廷藏書研究》（商務印書館，2006），（美）周紹明著、何朝暉老師翻譯的《書籍的社會史》（北京大學出版社，2009），王國強《中國古籍序跋史》（武漢大學出版社，2015）等著作中皆有對明代書目、序跋的相關論述。鄭偉章，李萬建《中國著名藏書家傳略》（書目文獻出版社，1986），申暢《中國目錄學家傳略》（中州古籍出版社，1987），范鳳書《中國著名藏書家與藏書樓》（大象出版社，2013）則對明代的藏書家、目錄學家的生平事蹟作有大略的介紹。

（二）有關明代書目研究的專門成果

1. 研究專著

據筆者瞭解，迄今爲止國內外總論明代書目的成果僅有王國強《明代目錄學研究》（中州古籍出版社，2000）一種。該書從明代的藏書史出發，對明代目錄學的發展史、書目的編撰成果、書目的類例特點、書目的著錄方式、著錄內容以及明代的目錄學理論各方面皆進行了高屋建瓴的探討。該書首次於宏觀上揭開了明代目錄學的面紗，對明代目錄學的優勢與特色做了較爲完善的闡述，對長久以來圍繞於明代目錄學周圍的種種爭議一一進行辯駁，表達了對明代目錄學的看法與評價，具有鮮明的個人色彩。

總論明代目錄學的成果之外，又有陳清慧《明代藩府刻書研究》與張瑋《祁承㸁藏書及文獻學思想研究》二種，分別對明代藩府的刻書情況以及祁承㸁個人的藏書活動與文獻學思想進行了探討。二書選題較爲精準，論述全面細緻，考據結論多有啓人思維之處。

2. 相關論文

（1）概述明代書目整體特點的論文

總論明代書目特色與成就的相關論文有王國強《明代目錄學的新成就》（《山東圖書館季刊》，1988 年第 4 期）、《明代目錄學發展史簡述》（《圖書館研究與工作》，1989.01），王藝《明代的書目編纂傳統》（《四川圖書館學報》1986.02）等近 10 種。其中，王國強《明代目錄學發展史簡述》將明代目錄學史劃分爲嘉靖以前、嘉靖至萬曆、萬曆以後三個階段，並對每個階段的不同特點進行概括，同時認爲以下三點爲明代目錄學的發展規律：1、目錄學的發展必然與當時的社會政治經濟文化發展相適應；2、目錄學理論的突破至少必須兼備兩個條件或其一：一是反傳統，一是總結某個時期新的書目實踐而形成新的理論體系。明代目錄學理論的突破屬於後者；3、目錄學有其自身的發展規律——繼承性、階段性和時代性，而這些也是目錄學發展的一般規律。王藝《明代的書目編纂傳統》一文從中國目錄學自《七略》、《別錄》之後兩種不同傳統的存在入手，指出明代目錄學傳統屬於藏書性而非學術性，與前代和後代都有所不同。這種不同與當時思想上明代所繼承的理學傳統、注重利用藏書的性質、檢索工具編製法趨於成熟等因素息息相關。

（2）關於公藏書目的論文

王國強《明代政府藏書概述》（《山東圖書館季刊》，1990.01）一文依時間段對明代藏書進行了縱向研究，總結出其發展特點將明代政府藏書的發展劃分爲三個時期：大宋至成祖（1368～1424）的初具規模期、仁宗至憲宗（1425～1487）的全盛期、孝武至明亡（1488～1644）的衰落期，指出明代政府藏書既有藏書體系建立、藏書數量豐富、藏書版本貴重、書目編製增多等優點，也有藏書管理混亂、不重整理、管理人員不學無術監守自盜等缺點。謝德雄的《元明兩代官修書目之簡率及其原因》一文（《圖書館雜誌》，1985.03）敘述了元代官修書目幾乎空白、明代官修書目草率從簡的現象，認爲元代的八股取士制度和明代的理學禁錮是造成這種現象的直接原因。

探討《文淵閣書目》的論文成果有王國強《明朝文淵閣沿革考》（《河南圖書館學刊》，1986.10）、《明代文淵閣藏書考述》（《圖書與情報》，2002.02），趙海麗《略論〈文淵閣書目〉的特色與價值》，（《圖書館建設》，2000 年第 5 期），張昇《〈文淵閣書目〉考》（《史學論衡·上》，北京師範大學出版社，2002）等 10 數種。這些論文從南、北文淵閣的建制、藏書始末、圖書管理制度、《文淵閣書目》的作者與版本系統等方面做了梳理與討論，爲本書理清《文淵閣書目》的成書背景與版本源流等提供給了線索。

探討《秘閣書目》的論文成果有李丹《〈秘閣書目〉作者辨正》（《古典文獻研究》，2005 年第 0 期）與劉仁《〈秘閣書目〉之〈未收書目〉考論》（《古典文獻研究》，2014 年第 2 期）等。前者對《秘閣書目》的作者是否爲錢溥做了辨正。後者考證了該目《未收書目》部分的內容來源，認爲其內容基本採自馬端臨《經籍考》。

探討《內閣藏書目錄》的論文成果有王維臨《淺論明代國家書目〈內閣藏書目錄〉》（《河北旅遊職業學院學報》，2016 年第 4 期）。該文討論了《內閣藏書目錄》的類目劃分、特點與價值，對該目的大致情況做了簡明的介紹。

孟昭晉是研究《行人司書目》的先行者。《有趣的明代〈行人司書目〉》（《圖書館雜誌》，1988 年第 2 期）一文對明代行人司的職責、編制、藏書情況以及《行人司書目》的編纂體例、收錄特點等做了較爲全面的交代，認爲該目具有著錄簡略、收錄較爲豐富的特點。姜麗菲《試論明代〈行人司書目〉的成書原因》（《科教導刊》，2014 年第 17 期）在孟文的基礎上對《行人司書目》

的成書原因略作討論，認爲行人較高的知識素養與行人司豐富的藏書是該目的編纂基礎。

（3）關於私藏書目的論文

總論明代私家藏書目錄的論文有王國強《明代私家書目圖書分類體系的變革及其成就》（《山東圖書館季刊》，1986.04），王藝《明代私家目錄體例之研究》（《四川圖書館學報》，1989 年第 2 期），張雷，李豔秋《明代私家藏書目錄考略》（《書目季刊》第 33 卷第 1 期，1998.04）等 10 數種。其中，王國強專門探討了明代私家書目分類體系的時代因革與特色，結合明代的學術史、藏書史等，探究了這種現象出現的時代與學術背景，指出明代私家藏書目的分類體系「創造了眾多的圖書分類法」、「增加了許多新類目」〔註1〕，既符合時代發展的需求，也證明了四部分類法的局限、提出了改革四部分類法的必要性。王藝認爲明代私家書目於類目設置上可分爲「不守四分法的一派」與「守四分法的一派」、即「改革派」與「改良派」兩種，二派各有特色〔註2〕。張雷、李豔秋二位老師合撰的《明代私家藏書目錄考略》一文將明代私家藏書目分爲「藏書家姓名生平事蹟可考者」、「藏書者生平事蹟不可考，或只知書目名稱不知藏者姓名」、「僞造、誤記或疑莫能明者」3 類，對 133 種明代私家藏書目的存佚情況一一進行了核查。該文是對明代私家藏書目錄考察較早且較爲全面、系統的研究成果。

分論各家藏書目的論文多達 50 餘種，主要圍繞《世善堂書目》、《紅雨樓書目》、《澹生堂書目》、《百川書志》等幾部流傳較廣、體例較爲豐富完善的明代私家藏書目錄展開討論，對《趙定宇書目》、《寶文堂書目》、《笠澤堂書目》以及朱睦㮮、趙琦美等人的文獻成就亦有所探討。

其中，官桂銓《明代學者陳第世系考辨》（《文獻》，1991 年第 4 期）一文通述了自陳第祖父至陳第曾孫、家族後裔的世系傳承，對陳第藏書的流傳亦進行了考據，可與鮑廷博跋語互證。李斑《陳第和〈世善堂藏書目錄〉》（《連江文史資料第 9、10 輯》，1992.04）一文對陳第生平、藏書始末以及《世善堂藏書目錄》的體例、著錄特點皆進行了較爲細緻的探討。該文考據審愼，是

〔註 1〕按：參見王國強：《明代私家書目圖書分類體系的變革及其成就》一文，《山東圖書館季刊》，1986 年 4 月，第 38 頁。

〔註 2〕按：參見王藝：《明代私家目錄體例之研究》一文，《四川圖書館學報》，1989 年第 2 期，第 40 頁。

研究《世善堂藏書目錄》的奠基之作。在此基礎上，福建師範大學莊琳芳 2008 年的碩士論文《陳第及其世善堂藏書》考證了《世善堂藏書目錄》的版本源流，對圍繞該目的「『斷種秘冊』僞造說」的起因進行了探究，並對世善堂藏書的去向進行了進一步的考證。

　　王國強是研究《紅雨樓書目》的先行者，其《〈紅雨樓書目〉研究》（《圖書館學刊》，1989.06）一文從該目的類例與著錄兩方面進行了探究，對《紅雨樓書目》對別裁法的運用以及保存文獻的價值提出了讚揚。其後，劉薔《徐𤊸的藏書及其目錄學思想研究》（《第九屆明史國籍學術討論會暨傅衣凌教授誕辰九十週年紀念論文集》，2003）一文輯考了徐𤊸家藏書目及題跋的行世版本，對徐𤊸的訪書、藏書與交遊亦進行了細緻的研究。李丹《〈紅雨樓書目〉版本考略》（《古典文獻研究》，2006 年第 0 期）一文對校了該目四卷本與七卷本的異同，認爲七卷本雖更近於原貌，但今已非完帙；而四卷本雖爲刪節本，但底本更爲完整，二者各有利弊〔註3〕。馬泰來《明季藏書家徐𤊸叢考》（《文獻》，2010.10）一文於探討徐𤊸生卒年、《徐氏家藏書目》的版本之外，又對林佶父子與紅雨樓藏書的淵源以及徐𤊸所撰（正德）《福州府志》題記的流失經由做了深入的考證。此外，馬泰來又於 2014 年出版的《新輯紅雨樓題記·徐氏家藏書目》的《整理說明》中詳覈論述了徐氏書目與題跋的版本流傳及其價值，較爲全面、系統地解決了這一問題。

　　明末祁承爜家富縹緗，不僅編纂了類目細密的家藏書目，且總結有自成體系的目錄學理論著作，堪稱明代目錄學巨擘。學界對其研究較爲詳覈，相關論文多達 10 餘篇。其中王新田《澹生堂藏書聚散考》（《鎮江師專學報（社會科學版），1999 年第 3 期）、牛紅亮《祁承爜的澹生堂藏書及其目錄學思想》（《圖書館建設》，2000 年第 4 期）、彭杏花《澹生堂藏書考》（《圖書館界》，2009 年第 1 期）、馬黎明《越中祁氏藏書世家考述》（《圖書館工作與研究》，2014 年第 9 期）等皆著力於研究祁氏藏書情況始末。劉東民《祁承爜圖書分類理論淺析》（《圖書與情報》，2003 年第 2 期）與吳金敦《祁承爜目錄學思想探析》（《四川圖書館學報》，2008 年第 6 期）兩篇則偏重探討了祁承爜「通」、「互」、「因」、「益」的目錄學分類理論與實踐。

〔註3〕按：參見李丹：《〈紅雨樓書目〉版本考略》一文，《古典文獻研究》，2006 年
　　　　第 0 期，第 178 頁。

　　錢亞新是研究高儒《百川書志》的先行者。其《試論〈百川書志〉在我國目錄學史上的價值》（《廣東圖書館學刊》，1985.01）一文從該目的撰述經由、版本流傳、高儒的聚書情況、著錄體例、提要的撰寫、類例的設置等方面對《百川書志》進行了全面、系統的剖析，認爲該目雖存在「有其類未必有其書，有其書未必有其類」〔註4〕的舛誤，但無掩其整體價值。羅旭舟《高儒生平家世與〈百川書志〉》（《中國典籍與文化》，2014年第3期）著重考證了高儒的家世傳承與高儒藏書的來源、年代等問題，補充了學界對高儒研究的空白。

　　在對趙用賢及《趙定宇書目》的研究方面，李聖華《虞山趙用賢論》（《常熟高專學報》，2001年第1期）與劉和文《簡論趙用賢學術文獻價值》（《大學圖書情報學刊》，2007.12）兩篇著重論述了趙用賢的生平、學術經歷以及藏書情況，認爲其具有「藏書致用、流通古籍」〔註5〕的先進藏書思想。谷文彬、溫慶新《精編細分的「帳簿式」書目：〈趙定宇書目〉發覆》（《圖書與情報》，2015.01）一文則是專門針對《趙定宇書目》的研究成果。該文對《趙定宇書目》的編纂特徵、設類及著錄標準進行了討論，強調了趙用賢對書籍的版本以及經世致用的價值功能的重視。

　　趙琦美爲趙用賢之子，亦善藏書。《脈望館藏書目》是趙琦美在其父《趙定宇書目》的基礎上、結合其時家藏書籍的現狀並重新調整類目、編纂而成，特色鮮明，價值較高。黃國光《明代著名學者、藏書家、校勘家——趙琦美》（《四川圖書館學報》，1990年第6期）一文是較早研究趙琦美藏書、校勘情況的成果。來新夏《常熟藏書首脈望》（《江蘇地方志》，1998年第1期）一文則對《脈望館藏書目》的編纂體例進行了大致的探討，對後世深入研究《脈望館藏書目》而言具有提綱挈領的意義。

　　明宗室朱睦㮮著有《萬卷堂書目》、《授經圖義例》以及《經序錄》三種目錄學著作，成就斐然。孟昭晉《「明代劉向」朱睦㮮》（《圖書館雜誌》，1986.02）一文對朱睦㮮的生平、著述及藏書情況作有探討。其對《萬卷堂書目》的編纂體例進行了初步的分析，是較早研究該目的成果。其後的王興亞《朱睦㮮

〔註4〕 錢亞新：《試論〈百川書志〉在我國目錄學史上的價值》，《廣東圖書館學刊》，1985年1月，第14頁。
〔註5〕 劉和文：《簡論趙用賢學術文獻價值》，《大學圖書情報學刊》，2007年12月，第78頁。

藏書及著述》（《河南圖書館學刊》，1989.02）、陳隆予《論朱睦㮮對圖書文化事業的貢獻》（《河南圖書館學刊》2014 年第 8 期）二文皆探討了朱睦㮮的藏書、著述情況，而對《萬卷堂書目》則未作更爲深入的探究。與此類似，王明發《李如一與得月樓》（《江蘇地方志》，1999 年第 2 期）一文中亦對《得月樓書目》略有提點，而溫慶新《晁瑮〈寶文堂書目〉的編纂特點——兼論明代私家書目視域下的小說觀》（《孝感學院學報》，2011.09）與向志柱《〈寶文堂書目〉著錄與古代小說研究》（《南京師大學報（社會科學版），2009.05）二文對《晁氏寶文堂書目》的探討則主要集中在其對小說的著錄方面，皆爲後世研究留下了空間。

　　明代私家藏書目中有研究成果問世者尚有《笠澤堂書目》一種。張長華先生《〈笠澤堂書目〉跋》（《津圖學刊》，1987 年第 3 期）與張雷老師《〈笠澤堂書目〉的「發現」及其價值》（《圖書與情報》，1999.01）二文是對山東大學收藏的張鏡芙千目廬舊藏本的全面研究，指出該目不僅保存了罕見的文獻，且爲研究目錄學史提供了新的材料。此後，王天然又有《〈笠澤堂書目〉撰人小識》（《版本目錄學研究·第 4 輯》，北京大學出版社，2013.08）一文，對大陸現存的《笠澤堂書目》四種做了版本優劣的比較，在二張暫定該目作者爲王道明的基礎上提出了自身對於《笠澤堂書目》作者身份的看法，認爲該目作者確爲王繼賢之子，或爲道明，或爲道隆，尚不可斷言。

　　研究明代私藏書目的論文數量較多。這些論文除對各書目的作者、編纂體例、成書流傳等情況分別進行探討之外，其得出的共同結論有二：一、明代私家書目對傳統四部分類法作了較大增刪分合，並創造了許多新的圖書分類體系，構成了明代私家書目的主流。衆多的圖書分類法豐富了我國古典目錄學寶庫，適應了學術發展需要，對明代官修書目和清初私家目錄都產生了不可磨滅的影響。二、明代私家目錄大都拋棄了解題和注釋，但書名、卷數、著者、著錄方式等基本著錄項目大致齊備。這些研究者一致認爲，明人的編目方法導致了明代書目從學術文化史著作向工具書的性質轉變。

　　（4）關於史志目錄的論文

　　研究《國史經籍志》的論文有王智勇《評焦竑〈國史經籍志〉》（《貴圖學刊》，1987.02），王國強《論〈國史經籍志〉》（《鄭州大學學報（哲學社會科學版）》，1998.11），李權弟，張金銑《〈國史經籍志〉論略》（《圖書館理論與實踐》，2014 年第 12 期）等 10 餘篇。已有的成果對焦竑其人以及《國史經籍志》

的成書、編纂流通等進行了探討，認爲《國史經籍志》於編纂體例上借鑒了《通志・藝文略》，對傳統史志書目的類目設置多有改革，設類詳盡，方便檢索，更可藉以考見古今著述源流與學術變遷。

向燕南《王圻纂著考》（《文獻》，1991 年第 4 期）、李峰《王圻〈續文獻通考〉史學成就探析》（《中國文化研究》，2007 年第 3 期）與毛春偉《試論明清〈續文獻通考〉的史學史意義》（《江西社會科學》，2011.01）等對王圻的生平以及《續文獻通考》的成書、著錄及史學成就等進行了較爲完備的討論。然而這些成果對《續文獻通考・經籍考》僅有零星涉及，未作專門研究。

（5）關於專科目錄的論文

對《經序錄》一書進行研究的論文有曹金髮《朱睦㮮與〈經序錄〉》（《安徽文獻研究集刊》，2011 年第 1 期）與王洪軍、顧長海《〈古今經傳序略〉與〈經序錄〉比較研究》（《學術交流》，2004 年第 5 期）兩種。曹文介紹了朱睦㮮的生平及成就，簡述了《經序錄》的成書及編纂體例，並以張雋《古今經傳序略》爲參照，對《經序錄》的學術價值做了大概點評。王、顧一文則對比《古今經傳序略》與《經序錄》在收錄內容、成書及編纂體例上的異同，評價二者遞傳關係與價值。此外，孟昭晉將《授經圖》與《經序錄》並稱爲《經義考》的前奏﹝註6﹞，是對二者輯錄體書目性質的強調。

對《醫藏書目》進行研究的論文有樵夫《中醫書目概說》（《河南圖書館學刊》，1988.03），霍桐山《簡介〈醫藏書目〉》（《河南圖書館學刊》，1990 年第 4 期），曹麗娟《〈醫藏書目〉的佛教色彩》（《中醫文獻雜誌》，1995 年第 3 期）等 10 餘種。已有的成果指出了《醫藏書目》佛學色彩的表面化，認爲該目實際上並未收錄任何與佛教相關的著作，而是眞正意義上的中醫專科書目。

對釋藏書目進行研究的論文有何孝榮《葛寅亮與〈金陵梵刹志〉》（《南開學報（哲學社會科學版）》，2007 年第 6 期），曹剛華《明代佛教方志文獻研究概述》（《中國地方志》，2007 年第 10 期），譚小華《重慶市圖書館藏〈永樂北藏〉源流及版本考》（《重慶師範大學學報（哲學社會科學版）》，2016 年第 2 期）等近 10 種。這些成果對葛寅亮的生平、著述以及明代幾部官刻藏經做了大概的梳理。其中，何穎《有關〈永樂南藏〉論證的考辨》一文認同張秀民

﹝註6﹞ 按：參見孟昭晉：《「明代劉向」朱睦㮮》一文，《圖書館雜誌》，1986 年 2 月，第 63 頁。

所稱《永樂南藏》的存在「疑莫能明」的說法，並對這種說法做了進一步的考辨〔註7〕。

對戲曲、雜劇書目進行研究的有鄧卡鳳《呂天成〈曲品〉庚戌稿本初探》（《上海師大學報（哲社版）》，1985.04），張志合《〈錄鬼簿續編〉作者考辨》（《鄭州大學學報（哲學社會科學版）》，1988年第6期），鄭志良《關於〈南詞敘錄〉的版本問題》（《戲曲研究》，2010年第1期）等近10種。對部分戲曲、雜劇類書目的版本、作者、著錄內容以及戲劇作家的藝術思想作了初步的揭示。

（6）關於特種目錄的論文

對刻書目錄進行討論的論文較多。冀淑英《談談明刻本及刻工——附明代中期蘇州地區刻工表》（《文獻》，1981.04）討論的是明代的刻本類型、刻書情況以及刻工的分佈。郭孟良《明代中原藩府刻書考論》（《學習論壇》，2008.06）討論的是明代的藩府刻書盛況。此二文的研究成果為學界深入研究明代刻書書目提供了重要的線索資料。

錢亞新《談談〈古今書刻〉上編的意義和作用》（《廣東圖書館學刊》1982.1），崔文印《〈古今書刻〉淺說》（《中國典籍與文化》，2007年第1期），陳清慧《〈古今書刻〉版本考》（《文獻》，2007年第4期）等論文對《古今書刻》的成書、版本、著錄內容等方面做了探討。舒習龍《明末宮廷史事研究的力作——〈酌中志〉評介》（《長江論壇》，2007年第3期），黃權才，楊妍靜《論我國最早的推薦書目——〈內板經書紀略〉》（《圖書館界》，2010年第3期）二種是對明代內府刻書目的研究。徐有富《論〈南雍志·經籍考〉》（《文獻》，2005年第2期）與曹之《明代南監刻書考》（《晉圖學刊》，1990年第2期）則是對明代南京國子監刻書情況的考論。徐文對《南雍志·經籍考》的編纂概況、社會背景做了考證，認為該目對書板的不同來源、保存概況皆作有詳細著錄，對書籍的內容作有介紹與評價，在圖書分類方面多有探索，成就較高。曹文對明代南監的刻書及板片使用情況做了詳細的考證，為研究南監刻書書目提供了參考。

明代的私刻、坊刻繁榮，私人刻書目、坊刻書目亦多有存世者。詹冠群《試論書坊書目在傳統目錄學中的地位——建陽書坊書目初探》（《福建師範

〔註7〕何穎：《有關〈永樂南藏〉論證的考辨》，《圖書館界》，2015年第4期。

大學學報（哲學社會科學版）》，1992 年第 4 期），曹之《毛晉藏書考略》（《山東圖書館季刊》，2002 年第 1 期），蘇曉君《毛晉與汲古閣刻書考略》（《中國典籍與文化》，2006 年第 3 期）等近 10 篇論文對這些書目成果做了一定的考證。

在對明代引用書目進行探討的論文中，馮方、王鳳華《引用書目發展述略》（《圖書館學研究》，1991 年第 5 期）對引用書目的產生及發展流變作有總體的概述。該文徵引了王重民、吳楓及來新夏諸位先生對引用書目的論述，指出引用書目之功用在於「以示徵引之繁富，以補藝文之遺漏」〔註8〕，學者可藉其「弄清文獻典籍的源流與變化」〔註9〕，可以「藉此考察此書的資料來源，並以表明引書的存佚」〔註10〕。2012 年山東大學周珊的碩士學位論文《王圻〈稗史彙編〉初探》一文於卷四「《稗史彙編》引書考」的第一節「《稗史彙編》卷一引書名稱及數量」部分對《稗史彙編》一書的引書目錄進行了三方面的分析，所獲成果有四：其一，考證發現該書卷一所羅列的 802 種書目中存在七處重複著錄的情況，則實際引書爲 795 種。其二，通過查找，統計出 23 種未找到具體出處的書目。其三，校正、補注了 116 條書名著錄上的訛脫之處。其四，對《稗史彙編》卷一所引的近 800 種書目進行了內容上的分析與邏輯上的歸類，肯定了該書的引用書目年代跨度大、內容網羅廣的特點，進一步印證了《稗史彙編》與《說郛》的源承關係，也指出了該引用書目的著錄中存在的不足。楊東方《〈本草綱目・引據古今醫家書目〉辨證》（《北京中醫藥大學學報》，2009.09）一文對《本草綱目》列舉的引用書目做有辨證，將其著錄失誤、引用未當之處一一指出。張志斌、鄭金生等《關於核准〈本草綱目〉引用醫藥書目的研究》（《北京中醫藥大學學報》，2014 年第 10 期）對《本草綱目》引用的書目做了更爲細緻的核對。馬繼興《中醫文獻學》（上海科學技術出版社，1990）於《古醫書中的醫學書目》一節中對醫書中的引書目錄做了大致的討論，提及了《針灸聚英》、《針灸大成》等明代醫書中的引用書目。此外，業師杜澤遜教授於《四庫存目標注》中對附有引用書目者皆予以標注，約 15 種，爲學界全面研究明代的引書目錄提供了重要的線索資料。

〔註 8〕 王重民：《書古書目四種後》，《圖書館學季刊》第三卷第四期。
〔註 9〕 吳楓：《中國古典文獻學》，第 166 頁，濟南：齊魯書社，1982 年鉛印本。
〔註 10〕 來新夏：《古典目錄學淺説》，北京：中華書局，2003 年。

　　論述《蜀中廣記‧著作記》的相關成果中，陳超《曹學佺與閩中才子交
遊考》(《東南學術》，2009 年第 6 期) 與林靜《曹學佺藏書研究》(福建師範
大學 2014 年碩士論文) 二者對曹學佺的生平、交遊與藏書事蹟做了交代。嚴
正道《〈蜀中廣記〉成書與流傳考》(《四川圖書館學報》，2013 年第 5 期)、《曹
學佺〈蜀中廣記〉的成書及版本略考》(《四川師範大學學報 (社會科學版)》，
2013 年第 5 期)、《明刊本〈蜀中廣記〉的文獻價值》(《圖書館雜誌》，2015
年第 8 期) 三種則對《蜀中廣記》的成書經過、版本源流、內容大概等做有
考證。又有宋建昃《曹學佺和他的〈蜀中著作記〉》(《四川圖書館學報》，2000
年第 6 期)，週日蓉《方志藝文志「別本單行」例析——以〈蜀中著作記〉〈福
建藝文志〉爲考察對象》(《圖書館理論與實踐》，2016 年第 11 期) 兩種，是
對《蜀中廣記‧著作記》的專門性研究。前者於考證曹學佺的生平與著述成
就之外，又詳細介紹了《蜀中著作記》的版本流傳、內容大概等，對該書提
要的價值亦做了較爲中肯的評價。後者則對《蜀中著作記》作有綜述，又探
討了該目的版本界定以及存佚情況，對姚名達所稱《蜀中著作記》僅存殘本
四卷的說法進行了駁斥。

　　李鵬《淺析〈四部正訛〉對僞書史料價值的認識》(《四川圖書館學報》，
2009 年第 1 期)、《〈四部正訛〉辨僞思想探析》(《圖書館學刊》，2009 年第
6 期)、《〈四部正訛〉研究》(山東大學 2008 年碩士論文) 等文章是討論明
代辨僞書目成果的代表作。李文圍繞《四部正訛》展開探討，對胡應麟的
生平、學術背景以及《四部正訛》的產生、內容特徵、辨僞思想與辨僞方
法等皆做了較爲細緻的探討，認爲《四部正訛》雖偶有失誤、且存在認定
標準不一的缺陷，但其學術地位不可湮沒，可稱爲明代乃至中國古代辨僞
史的里程碑。

　　對明代目錄學家的目錄學思想進行探討的論文成果有王國強《胡應麟
在目錄學史中的地位》(《四川圖書館學報》，1986 年第 2 期)，王嘉川、何
建軍《胡應麟與中國古典目錄學史研究》(《燕山大學學報 (哲學社會科學
版)》，2000 年第 3 期)，王嘉川《胡應麟圖書分類方法芻議》(《河北大學學
報 (哲學社會科學版)》，2001 年第 2 期) 等近 20 種。已有的研究成果對以
胡應麟、祁承㸁爲代表的明代目錄學家的目錄學思想做了較爲深入的探
討，對王世貞、徐𤑴等人的藏書題跋、學術思想等亦略有論述，但不全面，
尚可進行深入考察。

由以上可見，前人對明代書目的研究已經取得了較多的成果。然而相對漢、宋、清等各代書目的研究而言，有關明代書目的研究不僅數量較少，且覆蓋不全，學術空白較多，有待於進一步探討、研究。

就目前的研究情況而言，明代書目研究中比較成熟的領域是以《文淵閣書目》、《澹生堂藏書目》、《徐氏家藏書目》、《百川書志》、《古今書刻》、《國史經籍志》、《續文獻通考‧經籍考》、《四部正訛》等爲代表的幾部特色鮮明、著錄較爲完備的書目以及以胡應麟爲中心的明代目錄學理論體系，對明代書目要言不煩的著錄特點亦多有提及。對《秘閣書目》、《內閣書目》、《濮陽蒲汀李先生家藏書目》、《江陰李氏得月樓》、《趙定宇書目》、《脈望館藏書目》、《蜀中著作記》以及戲曲、雜劇書目的探討較爲單薄，而對《吳文定公藏書目》、道藏目錄以及諸家方志藝文志、個人著述目錄、引書目錄、個人及坊肆刻書目等的研究幾乎尚爲空白，對可補書目著錄不足之處的明人的序跋題記的研究亦是遠遠不足。

四、本書的研究目的和研究方法

針對此種現狀，本書對前人論述中存在的某些不得當的問題（如《文淵閣書目》是否著錄作者的問題）將重新進行考量，對前人未詳之處（如關於《江陰李氏得月樓》的研究成果只有一種，且著錄未備）將勉力深入探討，對尚未進入學界研究視野之內的內容（如《吳文定公藏書目》、（成化）《杭州府志‧書籍目》、（嘉靖）《浙江通志‧藝文志》、《舊編南九宮目錄》、（嘉靖）《建陽縣志‧書坊書目》、《汲古閣校刻書目》、《南濠居士文跋》等）將盡可能全面地納入研究範圍。通過一一探討，提出基本結論，以供學界參考。

逐一探討明代諸家書目之餘，本書擬對明代書目的編纂特色與目錄學思想進行大致的總結，對明代書目中多種分類依據綜合併用的情況、書目中新類目的出現與既有類目的重新歸置、明代目錄學家的目錄學思想等問題提出自己的看法，以供學界參考。

本書希望全面、系統地探討明代的書目成果，將從以下幾個方面對明代諸家書目進行探討研究。

其一，論述明代目錄學家的目錄學事蹟。目錄學家是書目的編纂者，其目錄學修養、學術經歷等情況直接決定了書目的編纂成就。其二，對明代書目的存佚、版本等情況進行清理，以彌補前人之未備。其三，探討書目的形

成。論述書目的編纂目的、編纂手段、成書時間、續補情況等。其四，探討書目的編纂體例。對書目的類目設置、各類的著錄情況等作細緻的剖析。其五，探討書目的著錄方法。明代書目的著錄方式豐富多樣，如合併著錄、將作者前置、互著法、別裁法、表格式著錄法等，各具優勢，對後世及當代書目的編纂亦具有一定的指導意義。其六，對明代各書目的特色進行分析。明代書目編纂具有鮮明的個性化色彩，本文將對諸家書目的分類特色、著錄特色等逐一加以理清。其七，對明代各部書目的成就進行評價。點評書目的優劣得失，論述書目的價值，是書目研究的最終目的。

　　本書在寫作過程中，將一切從原典出發，對明代各部書目進行目錄學性質上的分類，逐一進行排查，分別加以探討，以求獲得一手證據，從事實中得出結論。同時也將參考前人研究成果，在前人研究相對成熟的領域與前人研究未曾涉足的領域區別著力，力求文章詳略得當，不著空言。

第一章　明代的公藏書目

　　明代的文淵閣、行人司、白鹿洞書院、虞山書院等皆有藏書目錄存世。南監、北監、內府經廠等亦留存有刻書目錄，著錄各自部門的刻書、藏書情況。此外，據各家書目、方志、著述等載錄，明代的公藏書目另有《刑部書目》（按：參見民國《杭州府志》卷八十七）、《武庫行秘書之目》（按：參見王國強《明代目錄學研究》）、《文華殿書目》（按：參見清人阮葵生《茶餘客話》卷十六）、《都察院書目》（按：參見《千頃堂書目》卷十、《絳雲樓書目》卷一）、《布政司書目》（按：參見《萬卷堂書目》）等，皆已亡佚不可得。

　　文淵閣是明代內府的主要藏書之所，閣內藏書的情況基本可以反映出明代內府的藏書概況，故其藏書目具有無可替代的文獻價值。著錄明代文淵閣藏書的書目有正統六年（1441）楊士奇等人編定的《文淵閣書目》、正統、成化間錢溥父子纂輯的《秘閣書目》以及萬曆三十三年（1605）張萱等人編定的《內閣藏書目錄》三種。

　　其中，《文淵閣書目》成書最早，著錄內容最爲原始，且開創了與前代公藏書目體例迥異的編纂方式，對其後的明代諸家公、私書目的編纂產生了直接的影響，開風氣之先。錢溥父子纂輯的《秘閣書目》分爲兩部分。其一爲錢溥抄錄並刪改過的楊《目》，其二爲錢山編定的求取文淵閣未存書籍的目錄。《秘閣書目》直接源自於《文淵閣書目》而又有所發揮。《內閣藏書目錄》則是萬曆中張萱等人奉敕重整內閣藏書時重新編定之目，在楊士奇《文淵閣書目》的體例基礎上做了較爲明顯的調整，且著錄內容大相迥異，直接反映了正統至萬曆間文淵閣藏書的變化情況。

　　明代的行人司是中央政府專門負責對外工作的一個較爲特殊的機構。司內人員一般均由進士充任，具備較高的學術修養，又有行職之便，既能方便獲得各地書籍，又無瑣雜公務煩身，故而保持了較好的藏書傳統。明代編定的行人司書目有二。一爲萬曆二十三年（1593）黃怡堂編刻的《行人司書目》，今已佚。一爲萬曆三十年（1602）徐圖重編之目，稱《行人司重刻書目》。該目基本反映了其時的行人司藏書情況，中多秘本，保存了較爲珍貴的史料線索。又提出了較爲完備可行的圖書管理制度，可爲後世借鑒。

　　明代是中國古代書院發展承上啓下的過度期，歷代各地書院的數量多達2000 種上下，其藏書數量亦甚爲可觀。書院藏書是爲學者講讀、文士進學等特定目的服務的，故各書院藏書內容大多一致、藏書目的編製差異亦不明顯，具有整體一致的鮮明特色。

　　本章以《文淵閣書目》、《秘閣書目》、《內閣書目》、《行人司書目》及 7 種書院藏書目爲研究對象展開討論，以求基本重現明代公藏書目的大概面貌。

第一節　楊士奇（等）《文淵閣書目》

一、明代文淵閣的建制與功用

　　在對明代文淵閣的建制及功用進行考察與研究方面，古今學人多有建樹。明宣宗撰有《宣廟御製文淵閣銘序》，明人沈叔埏有《明文淵閣考》、《文淵閣表記》，都是對明代文淵閣的專門記載和論述。此外，明人黃佐《翰林記》、廖道南《殿閣詞林記》、聞人詮《嘉靖南畿志》、王圻《續文獻通考·職官考》、沈德符《萬曆野獲編》、余繼登《皇明典故紀聞》、黃景昉《館閣舊事》，清人鄂爾泰《詞林典故》、于敏中《日下舊聞考》、張廷玉《明史》、龍文彬《明會要》、沈叔埏《頤采堂文集》、孫承澤《春明夢餘錄》等著述中對文淵閣的概況以及相關史實亦多有記述。今人單士元《文淵閣》一文與王國強《明朝文淵閣沿革考》一文是對明代文淵閣建制較早的研究成果。王國強又有《明代文淵閣藏書考述》，是對閣內藏書始末的考究。朱偰撰有《明清兩代宮苑建置沿革圖考》，對文淵閣的建制亦有考證。張昇著《明清宮廷藏書研究》，對文淵閣的建制、藏書沿革等探討頗細。

　　今在前述各家研究的基礎之上，結合對相關史料的考證，對明代文淵閣的建制、歷代沿革、職能功用等綜合探究如下：

（一）文淵閣的建制

明代的文淵閣實有兩處，一在南京，一在北京。

1. 南京文淵閣

南京文淵閣由朱元璋創建。王圻《續文獻通考・職官考》記載，「我太祖皇帝始創宮殿於南京，即於奉天殿之東建文淵閣，盡貯古今載籍，置大學士員，而凡翰林之臣皆集焉」〔註1〕。其具體位置見載於《嘉靖南畿志》：「奉天門左小門曰東角，……東角之南曰左順門，門之南曰文淵閣。」〔註2〕《宣廟御製文淵閣銘序》、沈叔埏《文淵閣表記》均提到文淵閣在奉天門之東，與此處所述位置亦大略相當〔註3〕。另據《殿閣詞林記》記載：「國初書籍俱貯文華堂。堂在禁中，去奉天門不百武，車駕嘗臨幸焉。按文華堂即後之文淵閣也。」〔註4〕可知南京文淵閣是由原先的文華堂而來，且離奉天門不足百步之遙。

南京文淵閣及其藏書，於正統十四年（1449）的一場大火之後幾近消亡。沈德符《萬曆野獲編補遺》載「正統十四年己巳夏六月，南京宮殿災」〔註5〕；《萬曆野獲編》稱「至正統十四年，英宗北狩，而南京所存內署諸書，悉遭大火。凡宋元以來秘本，一朝俱盡矣」〔註6〕；姚福《青溪暇筆》稱「正統己巳，南內火災，文淵閣向所藏者，悉為灰燼」〔註7〕。

明人余繼登《典故紀聞》著錄了弘治五年（1492）大學士丘濬進言一事。丘濬請求敕令南京禮部、翰林院官盤查永樂年間火災之後的文淵閣書籍，「乞敕閣臣委學士以下官一一比校，要見實在的數，明白開具奏報。仍以木刻考校年月，委官名銜，為記識於每卷之末，永遠存照」。又建議於舊址附近以磚石結構重建文淵閣，以銅櫃盛實錄、玉牒及干係國家大事的文書存於樓上，

〔註1〕　（明）王圻：《續文獻通考》卷九零《職官考》，明萬曆三十年（1602）松江府刻本。

〔註2〕　（明）聞人詮、陳沂：（嘉靖）《南畿志》卷一《總志・南都記》，濟南：齊魯書社，1996年。

〔註3〕　按：參見張昇：《明清宮廷藏書研究》，第64頁，北京：商務印書館，2006年。

〔註4〕　（明）廖道南：《殿閣詞林記》卷十七，清文淵閣《四庫全書》本。

〔註5〕　（明）沈德符：《萬曆野獲編補遺》卷四《宮殿被災》，清道光七年（1827）姚氏刻同治八年（1869）補修本。

〔註6〕　（明）沈德符：《萬曆野獲編》卷一《訪求遺書》，清道光七年（1827）姚氏刻同治八年（1869）補修本。

〔註7〕　（明）姚福：《青溪暇筆》卷上，明邢氏來禽館抄本。

以鐵櫃盛詔冊、制誥、行禮儀注、前朝遺文舊事與可備修史之文書存於樓下，並建議加強管理，「每歲曝書，先期奏請，量委翰林院堂上官一員曬晾查算，事畢封識。內外大小衙門因事欲有稽考者，必須請旨，不許擅自開取。」〔註8〕孝宗採取了丘濬的建議，但清查余書與重建南京文淵閣一事是否得以落實，今尚不知，有待考據。

2. 北京文淵閣

北京文淵閣建於永樂十九年（1421），位於午門之內，左順門東南，十庫之北，文華殿之南，面對皇城。明人王鏊《震澤長語》稱「文淵閣在奉天殿東廡之東，文華殿之前。前對皇城，深嚴邃密，百官莫敢望焉，吏人無敢至其地」〔註9〕。

永樂時建北京，「凡宮殿、門闕規制，悉如南京，壯麗過之」〔註10〕，故北京宮中之文淵閣位置當與南京相同。《宣廟御製文淵閣銘序》有言：「太宗皇帝肇基於北京，亦開閣於東廡之南，爲屋凡若干楹，高亢明爽，清嚴邃密，仍榜曰文淵。」〔註11〕沈叔埏《文淵閣表記》亦載：「文淵閣在洪武時，在奉天門之東。成祖北遷，營閣於左順門東南，仍位於宮城巽隅。遵舊制也。」〔註12〕《明會要》稱北京「文華殿在左順門外，東宮視事之所」，「文淵閣在文華殿前，諸學士議政之所」〔註13〕。黃佐《翰林記》述文淵閣建制：「文淵閣在午門內之東，文華殿南面，磚城，凡十間，皆復以黃瓦。西五間揭『文淵閣』三大字牌匾，匾下置紅櫃，藏三朝《實錄》副本。盡前楹設凳東西坐。餘五間皆後列書匾，隔前楹爲退休所。」〔註14〕沈叔埏《明文淵閣考》亦稱「中堂每列凳側坐而虛其中，以俟臨視」〔註15〕。

〔註8〕 （明）余繼登：《皇明典故紀聞》，第284頁，北京：中華書局，1981年。

〔註9〕 （明）王鏊：《震澤長語》卷上，清《指海》本。

〔註10〕 （清）張廷玉：《明史》卷六八《輿服志四》，北京：中華書局，1974年。

〔註11〕 （明）黃瑜：《雙槐歲鈔》，《叢書集成初編》卷四，轉引自張昇《明清宮廷藏書研究》，第64頁。

〔註12〕 按：轉引自單士元：《文淵閣》，《故宮博物院院刊》，1979年第2期，第26頁。

〔註13〕 （清）龍文彬：《明會要》卷七十一《方域一》，清光緒十三年（1887）永懷堂刻本。

〔註14〕 （明）黃佐：《翰林記》卷二，清文淵閣《四庫全書》本。

〔註15〕 （清）沈叔埏：《頤采堂文集》卷三，清嘉慶二十三年（1818）沈維縉武昌刻本。

　　然而文淵閣建成之後，由南京運來的百櫃書籍並未即刻入閣，而是寄存於左順門北廊，直至正統六年（1441）才移貯文淵閣東閣。張昇《明文淵閣考》一文轉引陳繼儒《見聞錄》卷八之言，稱此時文淵閣乃完工：「永樂十九年辛丑，只三殿災，遲之二十一年，至正統六年辛酉工方完。」〔註16〕之後又經天順間的修繕，終於嘉靖十六年（1537）定型〔註17〕。

　　明代中後期，文淵閣多次被火，於明末徹底毀亡。嘉靖間，文淵閣曾遭受一次火災，至萬曆間又被火，內閣西制敕房三間二披俱毀。崇禎間曾對文淵閣進行了局部改造，「將東典籍房改拓二間，凡六間」〔註18〕。至明末甲申（1644），文淵閣乃遭受到了滅頂之災。《日下舊聞考》稱：「明代置文淵閣，……逮末葉而其制盡廢，遺址僅存矣。」〔註19〕錢謙益亦有言：「（文淵閣藏書）歲積月累，二百有餘載。一旦突如焚如，消沉於闖賊之一炬，內閣之書盡矣。而內閣秘殿之藏如故也。爆爐之餘，繼以狼藉，舉凡珠囊玉岌，丹書綠字，梯幾之橫陳，乙夜之進御者，用以汗牛馬、掣駱駝、蹈泥沙、藉糞土，求其化飛塵、蕩為烈焰而不可得。自有喪亂以來，載籍之厄，未之有也。」〔註20〕

3. 北京西苑文淵閣

　　俞弁《山樵暇語》稱：「永樂辛丑，北京大內新成。敕翰林院凡南內文淵閣所貯古今一切書籍，自有一部至有百部，各取一部送至北京，餘悉封識收貯如故。時修撰陳循如數取進，得一百櫃，督舟十艘，載以赴京。至正統己巳，北內火災，文淵閣向所藏之書悉為灰爐。此非書之厄會也歟！正德己巳五月二十五日，西苑文淵閣被火，自歷代國典稿簿俱焚。西涯李公詩云：史家遺草盡成編，太液池頭萬炬煙。天上六丁元下取，人間一字不輕傳。自正統十四年己巳至正德四年己巳，迄今六十一年矣。詎非書史一時之厄也

〔註16〕 按：參見張昇：《明清宮廷藏書研究》第18頁，北京：商務印書館，2006年。
〔註17〕 按：《明英宗實錄》卷二九〇稱「天順二年四月丁卯，命工部修整文淵閣門窗，增置門牆」。清人陳夢雷《圖書集成・考工典》稱：「嘉靖十六年（1537）命工匠相度，以文淵閣中一間恭設孔聖暨四配像，旁四間各相間隔而開戶於南，以為閣臣辦事之所。閣東誥敕房裝為小樓，以貯書籍。閣西制敕房南面隙地添造卷棚三間，以處各官書辦，而閣制始備。」
〔註18〕 （明）黃景昉：《館閣舊事》卷下，北京：國家圖書館出版社，2012年。
〔註19〕 （清）于敏中等：《日下舊聞考》卷十二《國朝宮室》，北京：北京古籍出版社，1985年。
〔註20〕 （清）錢謙益：《牧齋有學集》卷二十六《黃氏千頃齋藏書記》，上海：上海古籍出版社，1996年。

歟！」〔註21〕《明清兩代宮苑建置沿革圖考》亦據《山樵暇語》稱：「明正德四年文淵閣災，所藏之書悉爲灰燼。」〔註22〕

《山樵暇語》一書所記多爲傳說野聞，又係抄本傳世，可知其流傳不廣。且該書所載之事多有訛誤，其言「正統己巳，北內大火，文淵閣向所藏之書悉爲灰燼」〔註23〕一事即爲誤記。正統己巳失火之處乃南京文淵閣，前文已有論述。其所稱之「西苑文淵閣」是否存在，是否被火，皆無旁證，姑且存疑。

（二）文淵閣的功用

1. 藏書與修書

（1）南京文淵閣藏書始末

南京文淵閣建於洪武元年（1368），毀於正統十四年（1449），其間閣內藏書情況的變化，筆者認爲可分爲三個階段。

第一個階段爲洪武元年（1368）至永樂六年（1408）《永樂大典》編成。這期間閣內藏書主要有三大來源：

其一，民間訪購。明代前期於民間訪求書籍一事，已於前文有所考據。知自至元年間始，明朝前期歷代皇帝有多次遣使於各地搜購書籍的行爲。如洪武元年（1368）太祖收復南京之後曾遣使訪求古今書籍，徐達攻克元大都之後亦詔求四方遺書，永樂元年（1403）搜求太祖御製宸翰，永樂四年（1406）令禮部尚書鄭賜遣通典籍者至各地訪書等等，今不復贅述。

其二，元朝宮廷藏書。明代文淵閣藏書的一個最重要組成部分，即洪武元年（1368）大將軍徐達攻克元大都之後繳獲的元都宮內藏書。

元都藏書乃元所獲宋、金兩代書籍之精華，而爲徐達所得者，乃宋、元、金三代圖籍之薈萃。朱彝尊《文淵閣書目跋》轉引《容齋隨筆》記敘此事曰：「宣和殿、太清樓、龍圖閣所儲書籍，靖康蕩析之餘，盡歸於燕。元之平金也，楊中書惟中於軍前收伊洛諸書，載送燕都。及宋，王承旨構，首請輦送三館圖籍。至元中又徙平陽經籍於京師，且括江西諸郡書板，又遣使杭州，

〔註21〕（明）俞弁：《山樵暇語》，濟南：齊魯書社，1995 年。

〔註22〕朱偰：《明清兩代宮苑建置沿革圖考》，第 16 頁。，北京：北京古籍出版社，1990 年。

〔註23〕按：轉引自單士元：《文淵閣》，《故宮博物院院刊》，1979 年第 2 期，第 27 頁。

悉取在官書籍板刻至大都。」〔註24〕《古今典籍聚散考》亦有言：「蓋漢唐以來，公家藏弆，均在長安、洛陽二處。至趙宋，始集中於汴京；南渡後，金人輦而致北，宋人聚而在南。及元建大都，又致臨安之書，而燕都藏弆之地位，始以顯著。明成祖以北京所蓄，益之以南都所聚，北京乃爲官家收藏之中心矣。」〔註25〕徐達將這批宋元精槧悉數封存，後盡歸於南京，貯文淵閣中。

　　其三，民間獻書。全祖望《永樂寧波府志題詞》云：「成祖詔天下府州縣皆修志書。時方修《永樂大典》，天下之志皆入爲焉。諸書皆以爲（《永樂寧波府志》）十七年所修，考《永樂大典》成於永樂六年，則志之修亦在六年以前也。書專爲《大典》而作，既貢書局，未嘗付梓，故今天下之傳永樂志者最少。」〔註26〕據此可知修纂《永樂大典》期間，各地應進貢了一批方志書。張昇將《文淵閣書目》「舊志」部分與《中國古方志考》對照後，發現有部分方志爲明代之前所修（如《金陵志》、《太平路圖志》、《臨安志》、《南雄路志》等），其餘大部分修成於洪武元年（1368）至永樂四年（1406）。

　　此外另有私人撰寫之書進獻內廷者，詳見張昇《明清宮廷藏書研究》，今不贅言。

　　以上幾部分藏書共同構成了《永樂大典》修纂所用的底稿。

　　明成祖於永樂元年（1403）七月令解縉、王景、鄒輯等人領銜纂修大型類書，要其「凡書契以來經史子集百家之書，至於天文、地志、陰陽、醫卜、僧道、技藝之言，備輯爲一書，毋厭浩繁」〔註27〕。次年十一月完成，名《文獻大成》。成祖閱後認爲多有未備，遂於三年（1405）諭令姚廣孝等人參用南京文淵閣的全部藏書，開館重修：「命禮部簡中外官及四方宿學老儒有文學者充纂修，簡國子監及在外郡縣學能書生員繕寫，開館於文淵閣，命光祿寺給朝暮膳」。永樂六年（1408）冬天全部完工，稱《永樂大典》。《進永樂大典表》載全書22877卷，目錄60卷，成書11095冊。

　　清人沈叔埏《明文淵閣考》稱：「……考《志》載常熟張洪、丹徒裴俊、吉水陳誠俱赴文淵閣修《大典》，懷安黃童以楷書徵入文淵閣繕寫《大典》，

〔註24〕　（清）朱彝尊：《曝書亭集》卷四十四，北京：商務印書館，1935年。
〔註25〕　陳登原：《古今典籍聚散考》卷二《兵燹卷》，北京：商務印書館，1936年。
〔註26〕　（清）全祖望：《全祖望集匯校集注》，第1204頁，上海：上海古籍出版社，2000年。
〔註27〕　《明太宗實錄》卷二十一。

則知《大典》一書實成於斯閣也。」〔註28〕另據張昇《〈永樂大典〉正本的流傳》一文中轉引明人鄭棠之言：「文淵東閣，前朝秘監，東觀石渠，下閣九間藏《大典》，上閣牙籤縹帙，百二層廚」〔註29〕，可知《大典》於南京文淵閣修成之後，即存貯於閣內。

第二個階段爲永樂六年（1408）至永樂十九年（1421）太宗調書之前。這期間閣內藏書爲兩部分，其一爲纂修《永樂大典》所用之底稿，其二即爲《永樂大典》。永樂元年（1403）成祖於南京開館編修《永樂大典》，至永樂六年（1408）成書後，盡存於南京文淵閣中。

第三個階段爲永樂十九年（1421）南閣百櫃書北調至正統十四年（1449）毀於火災之前。成祖遷都北京後，永樂十八年（1420）遷都北京後，翌年即詔取南閣之書，曰將閣內藏書每種無論有幾個版本，皆每個版本「各取一部」送至北京，其中就包括了《永樂大典》：

> 北京大內新成，敕翰林院凡南內文淵閣所貯古今一切書籍自有一部至有百部，各取一部送至北京，餘悉封識收貯如故。修撰陳循如數取進，得一百櫃，督舟十艘，載以赴京。〔註30〕

部分書籍調往北京，餘下的部分「悉封識收貯如故」，直至正統十四年（1449）毀於一炬。

（2）北京文淵閣藏書始末

北京文淵閣始建於永樂十八年（1420），正式啓用於正統六年（1441），毀於明末甲申（1644），其間藏書情況的變化亦可分爲幾個階段。

閣中藏書的鼎盛期當爲正統六年（1441）楊士奇等人纂成《文淵閣書目》之時。永樂十九年（1421）北調之書抵京，先是貯於左順門北廊，後將《永樂大典》存於文樓，其餘書籍於正統六年（1441）移至新建成的文淵閣東閣。其後，楊士奇等人「逐一打點清切，編製字號」〔註31〕，寫成《文淵閣書目》。

對於《文淵閣書目》與《永樂大典》的關係，《四庫全書總目》曰：「蓋……《文淵閣書目》即修《永樂大典》所徵之書，其時尚有完帙，故採之最詳也。」〔註32〕王國強有「永樂十九年，曾取南京文淵閣所貯書籍……運往北京，共

〔註28〕（清）沈叔埏：《頤采堂文集》卷三，清嘉慶二十三年（1818）沈氏武昌刻本。

〔註29〕張昇：《〈永樂大典〉正本的流傳》，《圖書館建設》，2003年第1期。

〔註30〕（明）俞弁：《山樵暇語》，濟南：齊魯書社，1995年。

〔註31〕（明）楊士奇等：《文淵閣書目題本》，《讀畫齋叢書》本。

〔註32〕（清）永瑢：《四庫全書總目》卷十九《經部十九》，清乾隆武英殿刻本。

有百櫃之多。《文淵閣書目》就是爲這批運往北京的圖書而編製的書目」〔註
33〕的說法。筆者認爲《文淵閣書目》所載錄者，當是包括了北調這批書中除
《永樂大典》之外的其他書籍，即纂修《永樂大典》所用之底本（筆者按：
若同一種書有多部，則《永樂大典》所用者與《文淵閣書目》所著錄者又可
能不爲同一部）。於這批書之外，還應包括永樂六年（1408）《永樂大典》修
成之後，至正統六年（1441）《文淵閣書目》修成之前各地所進獻的方志、私
人撰述等新收入文淵閣的書籍。

　　纂修《永樂大典》時，成祖即詔令天下編修志書，其後也十分重視志書
的修纂。永樂十年（1412）頒《修志凡例》十六則，永樂十六年（1418）頒
《修志凡例》二十一條，六月詔修《天下郡縣志書》，「……仍命禮部遣官遍
詣郡縣，博採事蹟及舊志書」〔註34〕。《石溪周先生文集》亦載「永樂十六年
太宗皇帝遣在廷正於天下採訪志書」〔註35〕。這期間各地亦進不少方志，如
邱錫《景泰崇安縣志序》云：「永樂戊戌（十六年），奉禮部檄文，於本府纂
修，進於文淵。」〔註36〕《胡祭酒集》：「儼嘗承命纂修天下郡志，一時郡邑
所進之書，非苟簡則冗雜。」〔註37〕王祥《遼東志序》：「永樂間詔天下郡邑
咸爲圖志以進。」〔註38〕據此，張昇認爲《文淵閣書目》卷二十「新志」所
收的 579 種方志，主要便是永樂十年（1412）至正統六年（1441）間編修的。

　　此外，另有私人撰寫之書進獻內廷者，數量較少，今不贅言。詳見張昇
《明清宮廷藏書研究》。

　　弘治五年（1492）五月，大學士丘濬進言：「今內閣所藏者，《太祖高皇
帝實錄》一部二百五冊、《寶訓》十五冊，《太宗文皇帝實錄》一部一百三十
四冊、《寶訓》十五冊，《仁宗昭皇帝實錄》一部二十一冊、《寶訓》六冊，《宣
宗章皇帝實錄》一部一百十六冊、《寶訓》十冊，《英宗睿皇帝實錄》一部三
百六十一冊、《寶訓》十二冊，《憲宗純皇帝實錄》一部二百九十三冊。與夫

〔註33〕　王國強：《明代文淵閣藏書考述》，《圖書與情報》，2002 年第 2 期。
〔註34〕　（明）徐學聚：《國朝典匯》卷二十二《朝端大政二十二·編輯諸書》，臺北：
　　　　　臺灣學生書局，1965 年。
〔註35〕　（明）周敍：《石溪周先生文集》卷五《中興太平疏》，濟南：齊魯書社，1997
　　　　　年。
〔註36〕　（清）魏大名修、章朝栻：（嘉慶）《崇安縣志》卷十《原敍》，民國間油印本。
〔註37〕　（明）胡儼：《胡祭酒集》卷八《重修南昌府志序》，北京：書目文獻出版社，
　　　　　1998 年。
〔註38〕　（明）畢恭等：（嘉靖）《遼東志》卷首，《遼海叢書》本。

藏在內閣，每朝又各一部，此外別無他本。」〔註39〕可知此時文淵閣內藏有歷代《實錄》、《寶訓》若干部。

《春明夢餘錄》載文淵閣史事，有「嘉靖中，閣災，書移通集庫及皇史宬」〔註40〕一句。知文淵閣於嘉靖間被火，其中藏書有部分流入通集庫及皇史宬。

嘉靖四十一年（1562 年）明世宗令人抄寫《永樂大典》副本。抄錄歷時六年，至隆慶元年（1567）四月完成。明末清初人孫承澤曾言：「永樂中，命解縉纂集類書，爲《文獻大成》。嫌其未備，乃命姚廣孝重修……賜名《永樂大典》，貯文淵閣，副本貯皇史宬。」〔註41〕此處的文淵閣當是指《永樂大典》修成之時即存於南京文淵閣。後世有稱嘉靖間抄錄有二本，正本入北京文淵閣，副本入皇史宬，實乃誤讀孫氏語意之訛傳。而《四庫全書總目》據《舊京詞林誌》所言，稱《永樂大典》於嘉靖間「重錄正副二本……仍歸原本於南京，其正本貯文淵閣，副本別貯皇史宬」〔註42〕，更乃誤上加誤〔註43〕。

綜合以上兩種說法，可以確定的是嘉靖間《永樂大典》副本錄成之後存於皇史宬，然其正本的去向，則自此不見於史籍，尚待後人考據。

明末彭時述文淵閣建制曰：「文淵閣在午門內之東，文華殿南面，磚城，凡十間，皆復以黃瓦。西五間揭『文淵閣』三大字牌匾，匾下置紅櫃，藏三朝《實錄》副本。盡前楹設凳東西坐。餘五間皆後列書匾，隔前楹爲退休所。」〔註44〕黃景昉《館閣舊事》亦載「文淵閣在皇極門東廡盡處，文華殿之前，十庫之後，正面皇城，凡十間，皆覆以黃瓦，西五間中扁『文淵閣』三字，閣上藏實錄圖書，前楹設凳」〔註45〕。知萬曆至崇禎間，文淵閣內仍藏有《實錄》。

明初沿襲元制，於洪武三年（1370）成立秘書監掌管內府圖書；洪武十三年（1380）廢秘書監，設典籍二人掌管文淵閣。由於管理人員人數不足，且「皆齎郎倖進，雖不知書，而盜取以市利者實繁有徒」，文淵閣藏書常年遭

〔註39〕《明孝宗敬皇帝實錄》卷六十三。
〔註40〕（清）孫承澤：《春明夢餘錄》卷一二《文淵閣》，清文淵閣《四庫全書》本。
〔註41〕（清）孫承澤：《春明夢餘錄》卷一二《文淵閣》，清文淵閣《四庫全書》本。
〔註42〕（清）永瑢：《四庫全書總目》卷一百三十七《子部四十七》，清乾隆武英殿刻本。
〔註43〕按：參見崔文印：《永樂大典概說》，《史學史研究》，1995 年第 3 期。
〔註44〕（明）彭時：《彭文憲公筆記》卷上，北京：中華書局，1985 年。
〔註45〕（明）黃景昉：《館閣舊事》卷下，清抄本。

受監守自盜、借閱不還的情況。又因儲存環境惡劣，「窗牖昏暗，雖白畫亦須列炬」，雖爲宋元精槧，「裝用倒摺，四周外向」，累年之後亦不免爲陰濕所侵、蟲鼠所齧，損失慘重。正德十年（1515）十月，大學士梁儲等請檢內閣並東閣藏書殘闕者，令中書胡熙、典籍劉禕、原管主事李繼先等次第修補，又爲繼先等竊去精美者若干，「所亡益多」。萬曆間又被火，燒毀部分文書稿簿。萬曆三十三年（1605）孫能傳、張萱等人奉諭編修《內閣藏書目錄》時，發現閣藏書籍較之《文淵閣書目》已「十無二三。所增益者僅近代文集地志，其他唐宋遺編，悉歸子虛烏有」〔註46〕。

　　甲申之難，北京文淵閣淪爲覆卵，樓制傾滅，圖典畸零，實可歎也。

2. 閣臣入直

　　明太祖朱元璋建都於南京之時即建有文淵閣，除儲存書籍外，又兼有翰林辦事內署之功用。黃佐《翰林記》載：「公署蓋爲聽事而設，國家建官以本院爲近侍衙門，故公署雖在外，而僚屬相聚，恆在館閣。」〔註47〕

　　洪武十五年（1385），太祖設置華蓋殿、文華殿、武英殿、文淵閣、東閣等殿閣大學士，以品秩較低的編修、檢討、講讀之官充任。建文時，曾罷除「文華殿、武英殿、文淵閣大學士，但設學士一人，待設無定員。文淵閣設典簿一員」〔註48〕。朱棣繼位後，又以「初定內難，四方之事方殷」，特「命侍講解縉、編修黃淮入直文淵閣。尋命侍讀胡廣，修撰楊榮，編修楊士奇，檢討金幼孜、胡廣同入直，並預機務」〔註49〕。時成祖「每退朝還宮，遇有幾務須計議者，必親御翰墨，書榮等姓名，識以御寶，或用御押封出，使之規畫。榮等條對，用文淵閣印封入，人不得聞」〔註50〕。《明會典》稱：「華蓋殿大學士、武英殿大學士、文華殿大學士、文淵閣大學士、東閣大學士，俱洪武中設，職五品，班在學士之上。永樂初，簡命編修等官直文淵閣，參預機務，謂之入閣辦事，後漸升至學士及大學士。」〔註51〕文淵閣因此而有內閣之稱，楊榮等人也先後升遷至大學士之職。而事實上，此時的文淵閣乃

〔註46〕　（清）張廷玉：《明史‧藝文志‧序》，北京：中華書局，1974年。
〔註47〕　（明）黃佐：《翰林記》卷一，第7頁，北京：中華書局，1985年。
〔註48〕　（清）查繼佐：《罪惟錄》卷二十七《職官志》，北京：北京圖書館出版社，2006年。
〔註49〕　《太宗文皇帝實錄》。
〔註50〕　（明）黃佐：《翰林記》。北京：中華書局，1985年。
〔註51〕　《明會典》卷二十二，北京：中華書局，2010年。

始有內閣之虛名，而非有內閣之實制。永樂初建文淵閣在奉天門東，後又增設內閣於奉天門中東側之東角門內，以為閣臣辦事之所。其時的文淵閣臣只可參預一般機務，「不得專制諸司。諸司奏事，亦不得相關白」〔註52〕。

永樂十八年（1420）遷都北京後，依照南京故宮的規模興建了北京的宮殿，文淵閣位於左順門外東南角，建制狹小。隨著內閣參預政務權利的增大，其處理政務的方式越來越獨立，故其辦事地點開始向文淵閣轉移。在這種形勢下，宣宗於宣德四年（1429）賜文淵閣印信，並詔令擴建文淵閣，並於正統六年（1441）建成，後又屢經改造，於嘉靖十六年（1537）乃定其閣制。東閣五間用以貯書，西閣五間曰西制敕房，為翰林諸臣入直辦事之處。《典故紀聞》曰：「嘉靖十六年（1537），世宗命工匠相度，乃與大學士李時等議，以文淵閣中一間恭設御座，旁四周各相間隔，而開戶於南，以為閣臣辦事之所。」〔註53〕

3. 天子講讀與人才進修

早在洪武時，朱元璋便常命儒臣講讀於文淵閣。建文、永樂帝皆保持了這一傳統。方孝孺有詩曰：「風軟彤亭尚薄寒，御爐香繞玉欄杆。黃門忽報文淵閣，天子看書召講官。」〔註54〕宣德四年（1429），「上臨視文淵閣，少傅楊士奇等侍。上命典取經史親自披閱，與士奇等討論」〔註55〕。史載宣宗於聽政餘閒，曾「數臨於此，進諸儒臣，講論折衷，宣昭大猷，緝熙問學」〔註56〕，且親撰《文淵閣銘》以記講學盛況。

永樂三年（1405）正月，成祖曾選派二十八名進士入文淵閣進學：

> 先是，太宗皇帝明翰林院學士兼右春坊大學士解縉等於新進士中選才質英敏者，俾就文淵閣進學。至是，解縉等選修撰曾棨等二十八人入見。太宗諭勉之……〔註57〕

《文淵閣書目》的編纂者馬愉、曹鼐等人亦於宣德九年（1434）秋入選進學文淵閣：

〔註52〕 （清）張廷玉：《明史》，第 1109 頁，長春：吉林人民出版社，2005 年。

〔註53〕 （明）余繼登：《典故紀聞》卷十七，北京：中華書局，1981 年。

〔註54〕 （明）焦竑：《獻徵錄》卷二〇《文學博士方公孝孺傳》，上海：上海書店出版社，1987 年。

〔註55〕 《宣德皇明寶訓》。

〔註56〕 （明）王圻：《續文獻通考》卷九〇《職官考》，清文淵閣《四庫全書》本。

〔註57〕 《古今圖書集成》第六十一冊，《理學彙編‧學行典》第六十二卷《志氣部》，第 73602 頁。

八月癸酉，命行在翰林院修撰馬愉、陳詢、林震、曹鼐……三十七人於文淵閣進學。〔註58〕

二、《文淵閣書目》的纂修及其作者問題

（一）關於《文淵閣書目》作者著錄的歧異

前人對《文淵閣書目》的作者莫衷一是。《萬卷堂書目》載「《秘閣書目》二卷，楊士奇」、「《文淵閣書目》一卷，馬愉」；黃虞稷《千頃堂書目》載「馬愉，《秘閣書目》，二卷；錢溥，《內閣書目》，一卷」。

對此，《皇朝通志》辨曰：「明錢溥《秘閣書目》。《千頃堂書目》稱此書為馬愉撰，溥別有《內閣書目》一卷。今考溥序實載此書卷首，則虞稷所紀誤矣。」〔註59〕《四庫全書總目》亦有明確說明，稱「《秘閣書目》，明錢溥撰。……黃虞稷《千頃堂書目》載此書為馬愉撰，而溥別有《內閣書目》一卷。然溥序實載此書卷首，疑虞稷所記誤也」〔註60〕。

由上可知，《秘閣書目》的作者為錢溥父子（按：錢溥抄錄正文，錢山補入「未收書目」。詳見下文《秘閣書目》部分），而《文淵閣書目》的編纂者實為楊士奇、馬愉、曹鼐三人。《內閣書目》乃張萱等人於萬曆間重整內閣藏書時所編，下文將作具體考述，茲不贅言。

（二）《文淵閣書目》的編纂時間與編纂過程

根據前文的考證，已知正統六年（1441）《文淵閣書目》所收錄圖書的主體部分為永樂十九年（1421）自南京北調的除《永樂大典》外的百櫃之書。另外，還包括了自永樂六年（1408）至正統六年（1441）書目問世之前新收入的方志、私人撰述等民間獻書。

《千頃堂書目》稱「楊士奇，《文淵閣書目》十四卷，宣德四年編定」〔註61〕。《讀畫齋叢書》本《文淵閣書目》前有楊士奇等人所奏《文淵閣書目題本》，明白記錄了該書成書的編纂時間、經過及目的等情況：

〔註58〕《明宣宗章皇帝實錄》卷一百十二。
〔註59〕（清）《皇朝通志》卷一百十一，浙江書局本。
〔註60〕（清）永瑢：《四庫全書總目‧史部‧目錄類存目》，北京：中華書局，1965年。
〔註61〕（清）黃虞稷：《千頃堂書目》卷十《簿錄類》，上海：上海古籍出版社，2001年。

　　　少師兵部尚書兼華蓋殿大學士臣楊士奇等謹題爲書籍事：查照本朝御製及古今經史子集之書，自永樂十九年南京取回來，一向於左順門北廊收貯，未有完整書目。近奉聖旨移貯於文淵閣東閣。臣等逐一打點清切，編置字號。寫完一本，總名曰《文淵閣書目》。合請用「廣運之寶」鈐識，仍藏於文淵閣，永遠備照，庶無疑失。未敢擅便，謹題請旨。正統六年二十六日，少師兵部尚書兼華蓋殿大學士臣楊士奇、行在翰林院侍講學士臣馬愉、翰林院侍講臣曹鼐當日早於奉天門。欽奉聖旨「是。欽此。」次日於左順門用寶訖。右《文淵閣書目》一冊，用「廣運之寶」鈐縫一百三拾陸顆，外蓋總數一顆，通一百三拾柒顆。

則知《文淵閣書目》成書於正統六年（1441），爲楊士奇、馬愉、曹鼐等人移貯、清理內閣藏書時編定。

（三）《文淵閣書目》的作者楊士奇、馬愉、曹鼐

　　　正統六年（1441）問世的《文淵閣書目》前有《文淵閣書目題本》一篇，乃編纂該書目之辦事大臣向英宗覆命之奏章，署名爲「少師兵部尙書兼華蓋殿大學士臣楊士奇、行在翰林院侍講學士臣馬愉、翰林院侍講臣曹鼐」，故後世將此三人並稱《文淵閣書目》的編纂者。而三人中又以楊士奇德望最高，故亦有單稱楊士奇撰者。

　　　楊士奇（1366～1444）名寓，字士奇，以字行，號東里，諡文貞，漢族，江西泰和人。官至禮部侍郎兼華蓋殿大學士，兼兵部尙書，歷五朝，在內閣爲輔臣四十餘年，首輔二十一年。與楊榮、楊溥同輔政，並稱「三楊」，因其居地所處，時人稱之爲「西楊」。「楊、金三公（按：楊榮、楊士奇、金幼孜）事長陵（永樂）二十三年，官不過五品。獻陵（洪熙）復設公孤，西楊始加少保。內閣之登三孤也，自西楊始也。」〔註62〕宣宗駕崩，英宗始齔之年即位，無力親政，軍國大事都稟報太皇太后張氏（英宗祖母），「太后推心任士奇、榮、溥三人，有事遣中使詣閣諮議，然後裁決」〔註63〕。雖權傾天下，然楊士奇始終感懷君恩，勤勉處政以爲報。《明史》贊其爲官「奉職甚謹，私居不言公事，雖至親厚不得聞。在帝前，舉止恭愼，善應

〔註62〕（清）阮葵生：《茶餘客話》，第20頁，北京：商務印書館，1936年。

〔註63〕（清）張廷玉：《明史》卷一百四十八《楊士奇傳》，北京：中華書局，1974年。

對，言事輒中」〔註64〕。

「三楊」之中，楊士奇以「學行」見長，不僅著有《周易直指》、《東里集》、《北京紀行錄》等作品，更先後擔任《明太祖實錄》、《明仁宗實錄》、《明宣宗實錄》總裁。以其學識文望，自然可以勝任領銜纂修《文淵閣書目》的工作。然而正統六年（1441）時楊士奇已七十六歲高齡，年邁古稀，政務繁忙，要其親入秘閣查檢、編修書目，顯然是不可能的。因而筆者認為，《文淵閣書目》的具體編撰工作主要是由馬愉、曹鼐完成的。

徐乾學等撰《明史》、王鴻緒等撰《明史稿》，均將馬愉、曹鼐與「三楊」合傳，可見馬愉、曹鼐二人與「三楊」的密切關係。而實際上，在正統時期的明代政壇，馬愉、曹鼐皆為楊士奇鼎力提攜之後進新秀。

馬愉（1395～1448），字性和，號澹軒，臨朐縣朱位村人。明宣德二年（1427）中進士第一。初授翰林修撰。

宣德二年（1427）科考乃宣宗登基後首次開科取士，宣宗親為制策，十分重視，故而馬愉中魁，天下矚目。不僅如此，他還是明朝開科取士以來江北首位狀元：「國朝登科以來，南北並試，未有北人居首選者，有則自愉始也」〔註65〕。「自洪武開科，惟三十年夏榜賜韓克忠第一人，蓋專試北士也。是科，始分南、北、中卷取士，而北人預首選亦自此始。」〔註66〕楊士奇為之作《宣德二年進士題名記》，盛讚馬愉中首選，曰「前此南北士合試，未有北士占首選者，有之，實自今始」，並期望此科進士「為當世之用，太平之具也」，「將推所學，見諸功業及諸天下」。

曹鼐（1402～1449），字萬鍾，明北平承宣布政使司真定府寧晉縣人。少有大志，博覽群書。宣德元年（1426）中鄉試第二，任代州訓導，改派江西泰和縣典史。宣德八年（1433）成癸丑科一甲第一名進士，授翰林院修撰。

宣德九年（1434）秋，朝廷選拔人才入學文淵閣，以馬愉、曹鼐為首：

八月癸酉，命行在翰林院修撰馬愉、陳詢、林震、曹鼐，……

三十七人於文淵閣進學。〔註67〕

宣德十年（1435）七月纂修《宣宗實錄》，楊士奇等為總裁，「遴選文儒，協

〔註64〕　（清）張廷玉：《明史》卷一百四十八《楊士奇傳》，北京：中華書局，1974年。

〔註65〕　（明）雷禮：《國朝列卿紀》卷十，臺灣：明文書記，1991年。

〔註66〕　（清）夏燮：《明通鑒》卷十九，北京：中華書局，1959年。

〔註67〕　《明宣宗章皇帝實錄》卷一百十二。

相纂述」〔註 68〕。馬愉、曹鼐皆參與纂修。正統三年（1438）四月，因《宣宗實錄》的纂修之功，楊士奇升爲少師，馬愉由翰林院侍讀升爲侍講學士，曹鼐升爲侍講。

正統五年（1440 年）二月，命馬愉、曹鼐兩人入閣辦事，與楊士奇等並列閣臣。

縱觀馬愉、曹鼐二人的政壇之路，楊士奇實爲此二人之伯樂、提拔攜領之師。

正統六年（1441），楊士奇等奉旨將左順門北廊之存書移貯文淵閣。移貯過程中，楊士奇、馬愉、曹鼐等人將這批書籍「逐一打點清切，編製字號」〔註69〕，寫成《文淵閣書目》一本，主要是作爲清檢記錄，以便向英宗覆命。錢大昕稱其爲「內閣之簿帳，初非勒爲一書如《中經簿》、《崇文總目》之比」，實爲得其本意。

三、《文淵閣書目》的版本

（一）《文淵閣書目》原本

寫本，不分卷。已佚。

（二）明內府抄本

現存於國圖。不分卷，一冊，分上下部分。十二行，紅格。封面題「文淵閣書目」五字，內封有印兩方：「文淵閣印」、「廣運之寶」，可知其爲明文淵閣藏書。然據《文淵閣書目題本》，正統六年（1441）六月二十六日楊士奇三人奏摺遞上，「次日於左順門用寶訖右《文淵閣書目》一冊。用「廣運之寶」鈐縫一百三十六顆，外蓋總數一顆，通一百三十七顆」，當知其非爲正統原本。

查校該書，內「《石祖徠文集》一部五冊」後有小字注：「此後當有脫頁」，其所脫漏之內容恰爲鮑氏所言以塾本補全《四庫全書》本之數。（按：據張昇「發現此處所缺之文集實爲鮑氏所補的 321 部」等言可知，這些內容或爲鮑氏所言之二百餘種宋朝文集）又檢該書之內容與著錄順序亦與《四庫全書》本相同，故而可知此本即爲《四庫全書》所用之底本，即「內府藏本」。可以之證《四庫全書》本之誤。

〔註68〕《明英宗實錄》卷七。
〔註69〕（明）楊士奇等：《文淵閣書目題本》，《讀畫齋叢書》本。

（三）南京圖書館藏清抄本

不分卷。後有清朱彝尊、錢大昕、丁丙跋。朱氏跋曰：「其目不詳撰人姓氏，又不分卷，俾觀者漫無考稽。」錢氏跋曰：「編號凡二十，每號分數廚貯之，凡七千二百五十六部（按：總數不對。筆者統計爲七千三百六十五部）。」應爲原本之傳抄本。

（四）宋氏漫堂抄本

國圖與南京圖書館各藏一部。國圖本不分卷，一冊，十行，字不等，白口，藍格，四周單邊。

宋氏漫堂當爲宋犖。宋犖（1634～1713）字牧仲，號「漫堂」、西陂、綿津山人，晚號西陂老人、西陂放鴨翁，清初河南商丘人，著名詩人、書畫家、收藏家。據張昇考證：「該抄本無總目錄，無各類之總號數，不過，此書編排的字號只有從天至日9個，共39廚（中間文集缺第5廚）。……合計約7118部。」〔註70〕

該本分目與《四庫全書》本及《讀畫齋叢書》本略有不同，當時抄錄者憑己意改動的結果。其「新志」部分均載冊數，且較《讀畫齋叢書》本多收二十餘種衛所志、都司志，可以之補前者之缺。

（五）清文淵閣《四庫全書》本

底本爲國圖所存之內府藏本。四庫館臣析作四卷，分類及順序未變。

（六）鮑廷博家藏本

「塾本不分字號，每類以完全殘缺三等編次，似當日官本之外別編，以便稽改也」。

郁氏宜稼堂、揆氏人月雙清閣、丁氏持靜齋均有傳抄《讀畫齋叢書》本。烏程張氏取丁、揆二本校刊，入《適園叢書》。

（七）顧修《讀畫齋叢書》本

二十卷，七冊，九行，黑口，左右雙邊。現藏於國圖，內有王國維校語〔註71〕。該本爲鮑廷博以《四庫》本與家塾本對校而成。該本正文前有《四庫全

〔註70〕張昇：《文淵閣書目考》，《慶祝北京師範大學一百週年校慶歷史系論文集‧史學論衡‧下》，北京：北京師範大學出版社，2002年。

〔註71〕按：王國維於民國十三年三月將《讀畫齋叢書》本與張萱《內閣藏書目》對校，以墨筆標識，間有按語。

書總目提要・文淵閣書目》、《文淵閣書目題本》、《文淵閣書目總目》，正文中有鮑廷博案語及校記，正文後有鮑廷博識語。鮑氏以《四庫》本爲底本，以塾本補全《四庫》本所缺的宋朝文集二百餘種，且將塾本有而《四庫》本無的「完全」、「殘缺」、「闕」等字樣轉錄於《四庫》本上。

傅增湘曾言及清查閣書之事：

> 《甲申雜記》卷首鈐「文淵閣」朱文大印，……按《文淵閣書目》宙字號有「《聞見續錄》一部，二冊，闕。」荒字號有「《三槐王氏雜錄》一部，一冊，闕。」似即此書，……此書自明文淵閣清查閣書時已注闕字，則流傳於外閱歲已久。〔註72〕

可以想見，「完全」、「殘缺」、「闕」的字樣，當爲後人查照原目清點閣書之時對閣內書籍的現狀所作的記錄，其時文淵閣內藏書已多有散佚了。《晁氏寶文堂書目》著錄有《文淵閣新查書目》。這種「新查書目」，當是鮑氏家藏本的抄版本由來。

《叢書集成初編》、《國學基本叢書》皆以《讀畫齋叢書》本爲底本。

（八）另見載於別家書目者

《萬卷堂書目》著錄爲「《秘閣書目》二卷，楊士奇」〔註73〕，《澹生堂藏書目》著錄爲「《國初文淵閣藏書目》二卷，二冊，楊士奇」，《續文獻通考》、《續通志》著錄爲四卷，《韻石齋筆談》、《國史經籍志》、《明史》、《千頃堂書目》、《絳雲樓書目》、《漢學商兌》皆著錄爲十四卷，《述古堂書目》著錄爲二卷二本，《虞山錢遵王藏書目錄彙編》著錄爲「二卷，二本，抄」，《八千卷樓書目》著錄爲「四卷，明楊士奇撰。抄本。《讀畫齋》本」，《西諦書目》著錄爲「不分卷，清宋氏漫堂抄本，一冊」，中央研究院史語所著錄爲「《文淵閣書目》四卷，四冊，明楊士奇等奉敕編，舊抄本」。

此外，《中國古籍總目》又載有「濟寧李氏《礦墨亭叢書》本（傅增湘校）」。《礦墨亭叢書》即《濟寧李氏礦墨亭叢書六十四種》，李多涵編，有清抄本。

四、《文淵閣書目》的編纂體例

《文淵閣書目》依千字文編號。以若干部爲一櫥，若干櫥爲一號，自天

〔註72〕傅增湘：《宋本〈甲申雜記・聞見近錄〉跋》，《藏園群書題記》第431頁，上海：上海古籍出版社，1989年。

〔註73〕按：參見前文「編纂者」一節。

字號至往字號，總 50 櫥 20 號，分爲 40 類。《文淵閣書目總目》稱該目收書 7297 種。據筆者重新統計，《文淵閣書目》實際收書數量爲 7365 種，比《文淵閣書目總目》所載多 68 種。其中，《文淵閣書目總目》所著錄的「來字號一廚一百六十八號」一條下有鮑廷博案語：「廷博案：今本佚脫四十號，疑六字或二字之訛。」〔註74〕

據筆者統計，來字號櫥所納書目確爲一百二十八種。又查國圖所藏之清抄本（按：即《四庫全書》本《文淵閣書目》所用之底本）所言實爲「來字號一百二十八號」，故而此處當是《四庫全書》本抄寫之訛，鮑氏所疑爲確。

《文淵閣書目》前有楊士奇等撰《文淵閣書目題本》，簡略記載了從調書、轉貯至清點編目、用寶鈐藏的情況。後爲《文淵閣書目總目》，依《千字文》分櫥、號，記總櫥數、總號數及各字所收書籍的類別。後爲正文，著錄書名、部冊數，間記作者、版本等，不作解題。因初時南京文淵閣將奉敕每種藏書的每個版本「各取一部」北運，故其大多著錄爲「某某（書名），一部，（若干）冊」，不記卷數。

以《讀畫齋叢書》本爲例，其著錄體例如下：

> 皇明祖訓。一部一冊。闕。
>
> 鐵榜。一匣。
>
> 永樂實錄。十套二百三十四冊。

《文淵閣書目》的類目設置及著錄數量詳見下表：

分卷	分櫥	部類	數　量	備　註
天	5	國朝	334	《文淵閣書目總目》（按：以下皆稱《總目》）稱 322 號
地	4	易	158	《總目》稱 555 號，實爲 604 號（部）
		書	67	
		詩	61	
		春秋	181	
		周禮	58	
		儀禮	30	
		禮記	49	

〔註74〕　（明）楊士奇等：《文淵閣書目總目》，《讀畫齋叢書》本。

分卷	分櫥	部類	數　量	備　註
玄	1	禮書	60	149 號
		樂書	14	
		諸經總類	75	
黃	3	四書	125	「附」爲實錄、傳、年譜等書。《總目》稱 474 號，實爲 490 號（部）
		性理	219	
		附	18	
		經濟	128	
宇	6	史	272	
宙	2	史附	192	《總目》稱 316 號，實爲 315 號（部）
		史雜	123	
洪	1	子書	109	
荒	1	子雜	261	276 號
		雜附	15	
日	3	文集	763	《總目》稱 745 號
月	2	詩詞	553	《總目》稱 558 號
盈	6	類書	266	
昃	1	韻書	159	176 號
		姓氏	17	
辰	2	法帖	279	364 號
辰	2	畫譜（諸譜附）	85	364 號
宿	1	政書	58	《總目》稱 228 號，實爲 246 號（部）
		刑書	36	
		兵法	123	
		算法	29	
列	2	陰陽	325	252 號
		醫書	211	
		農圃	16	
張	1	道書	200	《總目》稱 199 號
寒	2	佛書	406	
來	1	古今志（雜志附）	128	《總目》稱 168 號

分卷	分櫥	部類	數　　量	備　註
暑	3	舊志	593	《總目》稱 584 號
往	3	新志	569	《總目》稱 568 號
20 卷	50	40 類	據《總目》統計爲 7297 部 實際所載爲 7365 部	總計

五、《文淵閣書目》的特色

（一）《文淵閣書目》的分類特點

　　魏中書郎鄭默作《中經》，晉秘書監荀勖增益其爲《新簿》，首分群書爲四部，命名爲「甲、乙、丙、丁」，對應「經、子、史、集」四大目類。東晉李充編《晉元帝四部書目》，延續了四部分類法，將乙、丙二部位置對調，「五經爲甲部，《史記》爲乙部，諸子爲丙部，詩賦爲丁部」〔註75〕，而後「經、史、子、集」之序乃定。唐代編定《隋書·經籍志》，變更「甲、乙、丙、丁」四部之名爲「經、史、子、集」，沿用前代的二級類目並加以修訂，四部分類法遂成定制，爲後世因循。時至明代，《文淵閣書目》的問世首次打破了唐代以來四部分類法的傳統，另創分類體系，開書目編纂根據實際、崇尚實用的新風氣。

　　《文淵閣書目》是楊士奇等人將文淵閣藏書「逐一打點清切、編置字號」而成，該書目的問世具有明確的目的性——要將此目「藏於文淵閣，永遠備照，庶無遺失」，因此無論其分類體系抑或貯存方式，皆是爲了方便圖書的收藏與管理。呂紹虞評價其「就書錄目」，既言書目著錄之簡，同時也反映出了《文淵閣書目》的編撰體例與編撰目的。

　　《文淵閣書目》不遵循四部分類法，更不沿用四部分類法中保留的二級目類，而是根據閣內已有藏書的具體情況自主設定，從而避免了強行歸類的情況。《文淵閣書目》在具體的分類中，雖不稱「四部」，卻於實際上保留了「經、史、子、集」四大類的劃分與排序；也正因爲不稱「四部」，故可於四部之內根據實際情況自主擬定二級目類，於四部之外又可獨立設定新的目類。

　　我們且將《文淵閣書目》劃爲兩大部分進行研究：

　　從「天」字號起，至「月」字號止，此十號所收之書當是楊士奇等人所

〔註75〕　（梁）任昉：《〈王文憲集序〉注》，《六臣注文選》卷第四十六，《四部叢刊》影宋本。

認爲的重要書籍，亦即實際意義上的「經、史、子、集」四部內容。

其「經部」包括「國朝」、「易」、「書」、「詩」、「春秋」、「周禮」、「儀禮」、「禮記」、「禮書」、「樂書」、「諸經總類」、「四書」、「性理」、「附」、「經濟」十五類。

其「史部」包括「史」、「史附」、「史雜」三類。

其「子部」包括「子書」、「子雜」、「雜附」三類。

其「集部」包括「文集」、「詩詞」二類。

其中，「經部」特設「國朝」、「性理」、「經濟」、「附」類，體現了明代注重義理、講求經世致用的時代風氣；將「禮書」、「樂書」分別獨立於「周禮」、「儀禮」之外，則是「禮書」、「樂書」二類所收者爲《唐郊祭錄》、《溫公書儀》之類應用型禮樂書籍，而「周禮」、「儀禮」二類所收則爲《周禮》、《周禮鄭氏注》、《周禮賈公彥注疏》這類注重文本研究的學術著作，這一做法同樣凸顯出明人將文本研究與實際運用區分開來的時代風氣，也是實用主義的體現。

從「盈」字起，至「往」字止，可以看做是楊士奇等人認爲不可歸入四部的部分，故將其依照類目分別單置於後。

這一部分包括「類書」、「韻書」、「姓氏」、「法帖」、「畫譜（諸譜附）」、「政書」、「刑書」、「兵法」、「算法」、「陰陽」、「醫書」、「農圃」、「道書」、「佛書」、「古今志（雜志附）」、「舊志」、「新志」十七類。

其中「志書」分爲「古今志（雜志附）」、「舊志」、「新志」三個目類。「大約洪武以後所修謂之『舊志』，永樂以來所修謂之『新志』」〔註76〕，「古今志（雜志附）」部分則著錄了全國性的總志以及與地理相關的各類書籍。

中國最早的志書問世於先秦，《尚書・禹貢》和《山海經》就具有方志的特點。漢代以後志書的數量開始增加，公、私兼有修撰，隋唐時期圖經盛行，及至宋代，以記地爲主的方志成爲史學的一個分支，至此方志書始體例初備，自成一體。明初成祖時，曾大力提倡方志的修撰〔註77〕，至正統六年（1441），文淵閣所藏各類方志已經具備了相當的數量規模。《文淵閣書目》在志書大量湧現的情況下將其按照內容與問世時間的早晚分爲「古今志」、「新志」和「舊

〔註76〕（光緒）《順天府志》卷一百二十二《藝文》，清光緒十二年（1886）刻十五年（1889）重印本。

〔註77〕按：參見前文「藏書與修書」一節。

志」三類，這種立體的圖書分類法方便於使用時進行檢索，對後世的圖書管理工作也是很好的啓發。

1.《文淵閣書目》對四部分類法的突破

《文淵閣書目》不恪守四部法成規，開啓了書目分類法的多元化格局。其後陸深的《江東藏書目》、趙用賢的《趙定宇書目》、趙琦美的《脈望館藏書目》、祁承爜的《澹生堂書目》、晁瑮的《晁氏寶文堂書目》、孫樓的《博雅堂藏書目錄》、沈節甫的《玩易樓藏書目錄》、張萱的《內閣藏書目錄》、陳第的《世善堂書目》、晁瑮《晁氏寶文堂書目》、錢謙益的《絳雲樓書目》、茅元儀的《白華樓書目》、錢曾的《也是園書目》、孫星衍的《孫氏祠堂書目》等，在分類體系上皆不受四部之圄，各自創新。姚名達對此評價稱：「爰及明英宗正統六年，始有楊士奇、馬愉、曹鼐等奏上《文淵閣書目》。其分類法雖陋，然能不守四部之成規，實開有明一代之風氣。……有明一代，除高儒、朱睦㮮、胡應麟、焦竑、徐爜、祁承爜六家仍沿四部之稱而大增其類目外，私家藏書，多援《文淵目》爲護符，任意新創部類，不復恪守四部成規。此在分類史中實爲一大解放，而摧鋒陷陣之功要不能不歸《文淵目》也。例如憲宗成化間葉盛之《籙竹堂書目》，即全仿其分類名次，惟改稱『國朝』爲『聖製』耳。其後武宗正德三年間，陸深撰《江東藏書目》，遂更創十四分之例。……嘉靖中有晁瑮、孫樓二家，嘉、隆間有沈節甫一家，萬曆中有孫能傳、陳第兩家，崇禎中有茅元儀一家，皆自出心裁，唾棄四部。……綜觀上述『文淵』、『籙竹』、『江東』、『寶文』、『博雅』、『玩易』、『內閣』、『世善』、『白華』九家目錄，皆能廢棄『四部』舊法，或約其類目，或增其部名，駸駸有奪《隋志》寶座之勢。流風所及，雖固守『四部』殘壘者，亦不復能絲毫不增減其類目焉。」〔註78〕

2.《文淵閣書目》類目設置的創新

「國朝」、「性理」二類是《文淵閣書目》的首創，爲後世書目分類體系所沿用。《文淵閣書目》於「國朝」類收錄了明代開國至書目編定之時的明人著作。首列御製，包括祖訓、寶訓、條章、譜牒、詩文集、經書、敕誥、榜文等，突出了皇權的至尊無上。這一做法爲後世所沿用，如《寶文堂書目》的「御製」類、《博雅堂藏書目》的「國朝、雜記」類，《玩易樓藏書目》的

〔註78〕姚名達：《中國目錄學史》，第 94 至 98 頁，上海：上海古籍出版社，2002 年。

「制」類、《內閣藏書目錄》的「聖製」部、《籙竹堂書目》、《國史經籍志》的「制書」類等等。《文淵閣書目》於「性理」類收錄孔子、曾子、子思子、周子、二程、張子、邵子、楊子、謝良佐、李侗、胡宏、朱熹、張栻、呂祖謙、熊節、陸九淵、楊簡、眞德秀、黃榦、饒魯、陳淳、王柏等各家理學著作。其後明代陸深《江東藏書目》之「理性」類、晁瑮《寶文堂書目》之「性理」類、張萱《內閣藏書目錄》之「理學」類等，皆源自於此。

此外，《文淵閣書目》將「類書」單獨歸類，從而保存其學術獨立性。

> 類事之書，雖兼收四部，而實非經、非史、非子、非集，四部之內，初無何類可歸，強隸之史部或子部，均有未安。故前人於分合之際，頗滋異議：或主竟廢四部成法，即以類書自立一門。〔註79〕

由於類書自身的特殊性，其在我國傳統書目著錄中所處的位置亦在不斷的變化。這種變化反應出的問題有二：一是學者對類書性質的認識，二是目錄學家的分類思想。洪業有言：

> 然荀勖之《中經新簿》以《皇覽》自爲一門，與史記、舊事、雜事，並隸丙部。則其初不但無類書之稱，且並不屬子部書也。南北朝時，《華林遍略》、《修文殿御覽》之流踵武繼作，蔚爲大觀；梁齊書目區分何部，今無可考，唯《隋書‧經籍志》中，《皇覽》、《御覽》、《類苑》、《書苑》之屬，已聯翩入子部雜家矣。《舊唐志》析而出之，使隸類事，仍居子部，《新唐志》又廣類事而類書，增益疏合之間，頗有可注意者。〔註80〕

從《中經新簿》到《古今書錄》，類書的地位從雜家之末提升到了子部之下的二級目類。鄭樵分圖書爲十二部，其中之一即爲類書。樵從孫寅作《鄭氏書目》，分圖書爲經、史、子、藝、方技、文、類七錄，姚名達贊其「目光如炬」〔註81〕。《文淵閣書目》將類書獨立置類的做法，正是對前代目錄學思想的繼承與認可。在其之後，胡應麟更提出在維持四部分類法的同時，將類書等作爲第五部類附後：「余欲別錄二藏及贗古書及類書爲一部，附四大部之末，尚俟博雅者商焉。」〔註82〕

〔註79〕張滌華：《類書流別》，第1頁，北京：商務印書館，1985年。

〔註80〕洪業：《館藏類書目錄序》，第134頁，《洪業論學集》，北京：中華書局，1981年。

〔註81〕姚名達：《中國目錄學史》，第85頁，上海：上海古籍出版社，2002年。

〔註82〕（明）胡應麟：《少室山房筆叢》丙部《九流敘論下》，明萬曆刻本。

（二）《文淵閣書目》的著錄特色

　　《文淵閣書目》以「冊」爲統計單位，也有「匣」、「片」、「束」、「張」、「本」、「套」等記載，皆爲對書籍原貌的如實記載。書目中「完全」、「殘缺」、「闕」的字樣乃後世補入，前文已有考證，不附贅言。〔註83〕由《文淵閣書目》的著錄體例來看，其根本目的在於對文淵閣所存書目做一個登記存檔的底簿，以查閱檢索的工具性爲主。

　　作爲明代第一部公藏目錄，《文淵閣書目》因著錄過於簡單而頗受詬病。《明史》稱：「宣宗始命楊士奇等輯《文淵閣書目》，第有篇名而無卷帙，姓氏稱缺略焉。」〔註84〕陸隴其《三魚堂日記》稱：「有《文淵閣書目》，係宣德年間楊文貞等編，但不著卷數及撰人姓名，故今修《藝文志》（《明史》）難以爲據。」〔註85〕朱彝尊於《文淵閣書目跋》中批評其「不詳撰人姓氏，又不分卷，俾觀者漫無考稽。此率率之甚者」〔註86〕，又於《經義考》中指其「有冊無卷數，兼多不著撰人姓氏，致覽者茫然自失」〔註87〕。俞樾於《董伯驥擬部經部提要序》中稱：「以《崇文總目》爲繁而無用，後之紀錄者或徒記書名，不存崖略如明臣楊士奇等之《文淵閣書目》陋矣。」〔註88〕全祖望於《移明史館帖子》中稱：「前輩議明《文淵閣書目》不詳撰人姓氏，不詳卷帙，其爲荒略，固無可辭。」〔註89〕惟錢大昕之言不失公允，其於《跋文淵閣書目》中稱：「此目不過內閣之簿帳，初非勒爲一書如《中經簿》、《崇文總目》之比，必以撰述之體責之，未免失之苛矣。」〔註90〕

　　《文淵閣書目》的編撰者楊士奇、馬愉、曹鼐等人乃當時的文淵閣大學士、內閣重臣，非爲文淵閣藏書的管理者，更非如劉向、荀勖等乃專職校理書籍之官。其編纂《文淵閣書目》的原因是南京之書北調後未曾檢理過，借

〔註83〕按：參見前文「版本」部分。

〔註84〕（清）張廷玉：《明史》，第1632頁，北京：中華書局，1974年。

〔註85〕（清）陸隴其：《三魚堂日記》卷八，北京：中華書局，1985年。

〔註86〕（清）朱彝尊：《曝書亭集》卷四十四《文淵閣書目跋》，北京：商務印書館，1935年。

〔註87〕（清）朱彝尊：《經義考》卷二百九十四，清文淵閣《四庫全書》本。

〔註88〕（清）俞樾：《春在堂雜文》六編卷八《董伯驥擬部經部提要序》，清光緒二十五年（1899）刻《春在堂全書》本。

〔註89〕（清）全祖望：《鮚埼亭集外編》卷四十二《簡帖·移明史館帖子》，清嘉慶十六年（1811）刻本。

〔註90〕（清）錢大昕：《潛研堂集》卷二十九《跋文淵閣書目》，清嘉慶十一年（1806）刻本。

正統六年（1441）奉旨移貯這批書籍入文淵閣的契機，對文淵閣藏書進行了一次全面的清理，編成此目作為文淵閣藏書的原始底簿，以便日後備照管理。程千帆即稱《文淵閣書目》「其實著錄冊數是為了便於清點，體現了藏書目錄的基本功能」〔註 91〕。若《四庫全書總目提要》所抨擊者，稱「士奇等承詔編錄，不能考訂撰次，勒為成書，而徒草率以塞責，較西漢劉向《七略》，晉代荀勖《晉中經簿》，誠為有愧」〔註 92〕，實為不明就裏而有苛責之嫌。

《文淵閣書目》但著冊數不著卷數，《史炤通鑒釋文》載：「《文淵閣書目》有冊數無卷數，所載《通鑒》多者一百四十冊，少者七十冊。有《胡三省通鑒音注》一百六十冊，蓋已散入正文者也。」〔註 93〕

在書籍的卷、冊問題上，葉德輝有言：「自宋以來，古書或以一卷為一冊，裝訂時則視書之厚薄而定，有一卷為一冊者，有數卷為一冊者。元時亦然。」〔註 94〕正統六年（1441）時，文淵閣所藏書籍多為宋元珍本，其分冊清晰而卷數不定，若要登記卷數，則需每冊翻閱一過，費時費力。《文淵閣書目》不記卷數，當因移書入庫時間匆忙，人力有限，點檢登記不及細查，故只登記每部書之冊數耳。

1. 關於《文淵閣書目》是否著錄作者信息的問題

《四庫全書總目》評《文淵閣書目》曰：「閣中存記冊籍，故所載書多不著撰人姓氏」〔註 95〕。後世研究者沿襲舊說，無人對此提出質疑。事實上，《文淵閣書目》只是未於解題中著錄作者姓氏，而是將這部分內容直接著錄於書名之前，如《周易孔穎達注疏》、《周易陸氏釋文》、《周易長孫無忌要義》、《李鼎祚易傳集解》、《衛元嵩元苞》等。

以《文淵閣書目》的「易」類為例。該類著錄書籍一百五十八種，未見作者信息者僅二十二種，其他一百三十六種皆以一定的形式保留了相關信息。詳見下表：

〔註91〕 程千帆、徐有富：《程千帆全集》第四卷《典藏編》，第 279 頁，石家莊：河北教育出版社，2000 年。

〔註92〕 （清）永瑢：《四庫全書總目》史部四十一《目錄類一》，北京：中華書局，1965 年。

〔註93〕 （清）王鳴盛：《蛾術編》卷十三《史炤通鑒釋文》，上海：上海書店出版社，2012 年。

〔註94〕 葉德輝：《書林清話》，第 8 頁，上海：上海古籍出版社，2008 年。

〔註95〕 （清）永瑢：《四庫全書總目》卷八十五《史部四十一》，北京：中華書局，1965 年。

著錄方式	種　　　類
尊稱「子」、「公」者八種	《朱文公易說》、《朱子本義》（三種）、《朱子易學啓蒙》、《朱子啓蒙》（二種）、《易經朱子遺說》
單稱姓氏者二十種	《焦氏易林》（二種）、《京氏易傳》、《關氏易傳》（二種）、《周易陸氏釋文》、《蘇氏易傳》、《程氏易傳》、《程楊易傳》、《程朱易說》（三種）、《楊氏易傳》、《鄭氏易翼》、《鄭氏易翼傳》、《蔡氏筮書》、《易沈氏小傳》、《易郭氏解》、《劉氏易數鉤隱》、《周易紇石烈集傳》
全稱名姓者六十八種	《周易王弼注》（五種）、《周易王弼注纂圖》、《周易孔穎達注疏》（二種）、《周易長孫無忌要義》、《李鼎祚易傳集解》、《衛元嵩元包》（二種）、《都絜易變體義》、《蔡淵易象意言》、《蔡淵易傳訓解》、《林栗易集解》、《易趙以夫通》、《趙汝楳易序叢書》、《趙汝楳易雅》、《周易趙汝楳輯聞》（二種）、《周易鄭剛中窺餘》、《何基易四發揮》、《何基繫辭發揮》（二種）、《楊忱中易原》（三種）、《易張行成述衍》（二種）、《易張行成通變》、《周易丁易東象義》、《丁易東大衍索引》、《大易曾穜粹言》（三種）、《王日休準係易解》、《周易項安世玩辭》、《朱元升三易備遺》、《王愷易心》、《易陳宏童子問》、《易史徵口決義》、《周方學易記》、《鄭滁孫易法象通贊》、《鄭滁孫中天述考》、《吳沆大易璇璣》、《周易李恕音訓》、《李簡學易記》（二種）、《易胡震衍義》、《胡方平學易啓蒙》、《胡炳文易本義通》、《陳應潤易爻變易縕》、《陳訥河圖易象本義》、《易陳普解》、《周易齊履謙本義》、《保八易原奧義》、《周易保八原旨》、《鄧錡大易圖說》、《張理易象圖說》、《方實孫淙山讀易記》、《周易許復衍義》、《易吳徵纂言》（四種）、《易吳徵纂言外翼》、《周易梁寅參議》
以字稱者八種	《周易子夏傳》、《周易鄭康成注》、《東坡易解》（三種）、《易張清子傳》、《周易張清子本義》（二種）
以封號、別號稱者二十六種	《周易安定口義》、《溫公易說》、《橫渠易說》、《張紫岩易傳》、《南軒易說》（二種）、《南軒繫辭說》、《東萊繫辭精義》、《東萊周易古經象》、《蔡節齋易解》、《易趙復齋說》（二種）、《楊慈湖己易傳》（四種）、《讀易老人詳說》（二種）、《易陳了翁說》、《李謙齋詳解》、《無菴警心易贊》、《周易俞石澗集說》（二種）、《易祓山齋口義》、《易被山齋口義》、《易抄郭東山易書》、《抄清全齋讀易編》
名號並列者一種	《張應珍義山易解》
名號外又列籍貫者五種	《漢上朱震易圖》（二種）、《周易蓬軒錢氏圖說》、《周易姑汾遁叟證類》、《易雲間田疇解》
未著錄作者二十二種	《古周易》、《周易正義》、《周易撮要》、《周易義海》、《本義啓蒙》、《本義啓蒙翼傳》、《麻衣正易心法》（二種）、《易乾鑿度》、《大易宋諸儒集義》（二種）、《易會通》（四種）、《易林至禕》、《周易本義附錄》（二種）、《易家人卦衍義》、《易疑擬題》、《抄易學變通》、《抄大易忘荃》

　　未著錄作者之二十二種之內，多有《古周易》、《麻衣正易心法》等作者難以考辨之書。又有《大易宋諸儒集義》二種，即魏了翁所撰《周易集義》一書。該書又名《易集義》、《大易集義》，淳祐十二年（1252）由魏了翁子克愚並《九經要義》同刻於紫陽書院。後《九經要義》毀於元火，惟《周易集義》板片獨存，而宋、元均有補刊者。魏了翁此書雖歷有遞修，然流傳非廣。該書見載於他志者，《玉海》稱「《周易集義》」，《宋志》稱「《易集義》」，《永樂大典》殘卷稱「魏了翁《集義》」，《授經圖義例》稱「《周易集義》」，惟《文淵閣書目》稱「《大易宋諸儒集義》」，著錄六冊一種、十六冊一種，皆闕。《文淵閣書目》之後，《秘閣書目》仍載「《宋諸儒集義》（六）」一種。萬曆間張萱所編《內閣書目》有「《周易傳義大全》二部共十三冊不全」，而此書已不見載〔註96〕。諸家記錄中，惟《文淵閣書目》所載書名不同，其稱《大易宋諸儒集義》者當有所自，這一記載爲考證該書的版本流變提供了重要線索。

　　將作者著錄於書名之前的做法非爲楊士奇首創。明代之前的《郡齋讀書志》、《直齋書錄解題》等皆有此例。前代諸志乃是直接將作者置於書名之前，如《郡齋讀書志》稱「《王弼周易》」、「《關子明易》」、「《邵康節皇極經世》」，《直齋書錄解題》稱「《子夏易傳》」、「《了翁易說》」等，於各書解題之中又重新著錄。《文淵閣書目》不做解題，而是將作者名姓插入書名之中，如《周易王弼注》、《周易孔穎達注疏》、《周易長孫無忌要義》等，從而完成作者項的著錄。這表明楊士奇等人在編目時，並非只是簡單的隨手登記，而是有意識地採用這種著錄方式。

　　將作者項前置的做法是對解題的簡化。《文淵閣書目》著錄於書名之前的作者數量及詳細程度皆超過了晁、陳二氏，一定程度上彌補了解題之失。其後的諸家書目如《百川書志》、《脈望館藏書目》、《吳文定公藏書目》、《國史經籍志》、《續文獻通考‧經籍考》、《蜀中廣記‧著作記》、《南雍志‧經籍考》、《古今書刻》、《授經圖義例》、《醫藏書目》、《汲古閣校刻書目》等皆採用此法，成爲明代目錄的著錄特色之一。

2.《文淵閣書目》對版本的著錄

　　明初之時，善本書的概念尚未成型。一些珍善舊本往往未及付梓，乃以

〔註96〕　按：可參見朱漢民主編之《湖湘文化與巴蜀文化》一書。該書所稱萬曆間「張萱重修《中興館閣書目》，只收《周易要義》而無《周易集義》」者爲誤，上文已有更定。

手抄的形式流傳。內府藏書多宋元秘本，從而成為士大夫文人抄書的重要資料來源。成化間，邱濬曾輾轉從內府抄出《曲江集》、《武溪集》二種並付梓傳世。正德間王鏊抄得《雲臺編》、《樊川文集》、《孫可之集》、《唐六典》等。萬曆間，謝肇淛抄得《小畜集》、《蔡忠惠公文集》、《謝幼槃集》、《竹友集》等。而趙琦美抄校的《古今雜劇》亦多得自內閣所藏。張昇有《明代內府抄書初探》一文，對明代士大夫傳抄內府藏書的情況做了大概的研究，可據參考。

內府藏書雖多善本，然明初目錄學家的版本意識尚未成熟，而《文淵閣書目》的編纂動機又偏重帳簿式登記，故其著錄時僅記部、冊數而不及卷數，更幾乎完全闕失了對版本項的著錄，僅對易類的幾種抄本作有標識，計「抄郭東山《易書》」、「抄《易學通便》」、「抄清全齋《讀易編》」、「抄《大易忘筌》」四種。此外，其於「法帖」類中的石刻、石鼓文、鍾鼎文、籀文、篆文、隸書、草書等著作之前標注了字體，如石刻「十三經」、「篆書《稽古篇》」、「隸字《孝經》」等。《文淵閣書目》中「抄」、「石刻」、「篆書」等字樣的出現，體現出楊士奇等人版本意識的萌芽。此後，隨著復古學風的盛行，目錄學家的版本意識乃逐漸增強。至萬曆間張萱修訂《內閣藏書目錄》時，即增加了解題，著錄了藏書的卷數，對版本亦詳加著錄，明代官藏善本的真實面貌方一一浮出水面。

六、對《文淵閣書目》的評價

朱彝尊《經義考》卷二百九十四：

> 明《文淵閣書目》……按：古書著錄未有不詳其篇卷及撰人姓氏者，故其卷帙寧詳無略……迨明正統六年，少師楊士奇、學士馬愉、侍講曹鼐編定《文淵閣書目》，有冊而無卷，兼多不著撰人姓氏，致覽者茫然自失。其後藏書之家往往傚之，雖以葉文莊之該洽，而《籙竹堂目》都不分卷。鄞縣范氏《天一閣目》亦然。〔註97〕

周中孚《鄭堂讀書記》卷三十二：

> 《文淵閣書目》二十卷，明楊士奇編。《四庫全書》著錄作四卷，《焦氏經籍志》、《千頃堂書目》俱作十四卷，疑十字誤衍。此本因依元編字號而分之，故有二十卷也。其書以《千字文》排次，自天

〔註97〕 （清）朱彝尊：《經義考》卷二百九十四，清文淵閣《四庫全書》本。

字至往字，凡二十號，五十櫥，共貯七千二百九十七種（筆者按：
實爲七千三百六十五種），每種但著書名冊數，而無撰人卷數。甚至
於往字三櫥之新志大半並其冊數而不著，致覽者茫然自失。如此著
錄，從來官撰私著所未有也。其後藏書之家，往往傚之，雖以葉氏
《籙竹堂書目》、范氏《天一閣書目》，都不分卷，皆是書爲之作俑
也。〔註98〕

《文淵閣書目》重工具性、輕學術性的書目編纂特色影響了有明一代的目錄
學風氣，被余嘉錫稱爲「開後來藏書目之一派」：

至正統時，楊士奇始撰《文淵閣書目》，不分經史子集，惟以千
字文編號，每號若干櫥，有冊數而無卷數。……遂開後來藏書目之
一派。〔註99〕

（一）《千字文》編號法的影響

《千字文》乃童蒙讀物，排列有序，韻腳齊整，讀來朗朗上口，易於記
憶，方便使用。且文中千字無一重複，作爲編號的代碼無衝突之虞。《文淵閣
書目》採用《千字文》編號法，每字一號，每號若干櫥，完整收貯一類或幾
類書籍。這種編號藏書的方法實用性強，查找圖書一目了然，便於檢索管理。

千字文在藏書目錄中的出現，意味著書目記錄藏書插架編排的作用開始
爲世人所重。在這之後，趙用賢編《趙定宇書目》、趙琦美編《脈望館藏書目》、
范欽編《天一閣書目》、毛晉編《汲古閣藏書目》、周亮工編《賴古堂書目》
等，皆以《千字文》編號分類。明代項元汴天籟閣收藏字畫〔註100〕、清代乾
隆九年（1744）整理御府書畫、乾嘉間鮑廷博父子刻《知不足齋叢書》等，
也都延續了《千字文》編號法的模式。《千字文》編號法在明清的藏書目編製
中開始普及，直至民國仍爲人使用。

千字文編號法是編者依賴書籍的原始收藏順序而對書籍做的入櫥登記。
簡而言之，《文淵閣書目》的類目設置非爲編纂書目時所設、而是歸置書籍時
所設。《文淵閣書目》的編纂者在依類歸櫥的同時採用了千字文編號法爲書櫥
編號，從而便於統計檢索。由於北京文淵閣的書籍大多是由南京文淵閣轉運

〔註98〕　（清）周中孚：《鄭堂讀書記》卷三十四，《讀畫齋叢書》本。
〔註99〕　余嘉錫：《目錄學發微》，第 105 至 108 頁，上海：上海古籍出版社，2013 年。
〔註100〕　按：參見李萬康：《編號與價格——項元汴舊藏書畫二釋》，第 20 頁，南京：
　　　　　南京大學出版社，2012 年。

而來，故而我們有理由大膽推測，北京文淵閣書籍的歸類擺放乃是大致沿用了南京文淵閣的歸類格局。如此，則《文淵閣書目》的編纂者未對書籍重做歸類、而是簡單依照千字文登錄的編纂方式的確削弱了書目的學術性，強化了該目的帳簿性登記特徵。

（二）《文淵閣書目》在考證書籍流傳中的文獻價值

其一，《文淵閣書目》保存了宋遼金元時期書籍情況的珍貴線索。《文淵閣書目》編成之時，閣內藏書約有七千三百餘部，大多宋元抄、刻本，也有一定數量的明初典籍，堪稱珍秘。此目問世後，閣內書籍疏於管理，不斷散佚，大量珍秘書籍再無可見，惟藉此目保存了相關信息。

其中，有一些珍秘書籍由《文淵閣書目》「始著於錄」。繆荃孫有《孫尚書大全集跋》，曰：「宋南蘭陵《孫尚書大全集》七十卷，不知何人所輯。……周益公序《鴻慶集》，言中雜以翟忠惠文，更無從辨別矣。明《文淵閣書目》始著於錄，《四庫》止收《鴻慶居士集》四十二卷……」〔註101〕還有相當一部分的宋元古籍「惟見於《文淵閣書目》」。嵇璜《續文獻通考》載《咸淳遺事》二卷，案曰：

> 《宋史·藝文志》不載是書，惟見明《文淵閣書目》。〔註102〕

又載《寶刻類編》八卷，案曰：

> 是書所載，上自周秦迄於五季，並記及宣和、靖康年號，知爲南宋人所撰。《宋史·藝文志》不載其名，諸家書目亦未著錄，惟《文淵閣書目》有之，然世無傳本，僅見於《永樂大典》中。今編定爲八卷云。〔註103〕

又載《洪邁容齋詩話》六卷《容齋四六叢談》一卷，案曰：

> 是編諸家皆不載，惟《文淵閣書目》有之。今裒其文，蓋於《容齋五筆》內掇其論詩論四六之語裒輯而成。〔註104〕

〔註101〕（清）繆荃孫：《藝風堂文集》卷七《孫尚書大全集跋》，清光緒二十六年（1900）刻本。

〔註102〕（清）嵇璜：《續文獻通考》卷一百六十三《經籍考》，清文淵閣《四庫全書》本。

〔註103〕（清）嵇璜：《續文獻通考》，卷一百七十二《經籍考》，清文淵閣《四庫全書》本。

〔註104〕（清）嵇璜：《續文獻通考》，卷一百八十九《經籍考》，清文淵閣《四庫全書》本。

《鐵琴銅劍樓書目》著錄《綱目分注發微》十卷抄本，案語道：「……因以己意闡明其故，洵足推見朱子作書之微旨矣。諸家書目俱不載，惟見《文淵閣書目》，此由叢書堂本傳錄。」〔註105〕著錄《中興兩朝編年綱目》十八卷影抄宋本，曰：「……向來藏書家俱未著錄，唯見《文淵閣書目》。」〔註106〕著錄《元秘史》十五卷抄本，亦然〔註107〕。

　　嵇璜評《文淵閣書目》稱：「……第士奇等承詔編錄，不能考訂撰次，俾觀者漫無考稽，牽率殊甚。獨藉此編之存尚得略間一代秘書之名數耳。」〔註108〕清人全祖望亦曰：「……而明《文淵閣書目》所有當猶屬政和底本，顧世之人無從見，今則無矣。」〔註109〕又稱：「前輩議明《文淵閣書目》不詳撰人姓氏，不詳卷帙，其爲荒略，固無可辭。然正嘉之間有詒作正始石經者，託言中秘所得，而不知其爲《書目》之所無，其妄立見。則雖荒略亦自可費矣。」〔註110〕清乾隆時修《四庫全書》，「以《永樂大典》對勘（《文淵閣書目》），其所收之書世無傳本者，往往見於此目」，「惟藉此編之存，尚得略見一代秘書之名數，則亦考古所不廢也」〔註111〕。

　　其二，《文淵閣書目》保存了明初的國家內閣藏書情況。正統六年（1441）時，北京文淵閣藏書有五十大櫥：

> 《文淵閣書目》蓋本當時閣中存記冊籍，故所載多不著撰人名
> 氏。又有冊數而無卷數，惟略記若干部爲一櫥，若干櫥爲一號，以
> 《千字文》爲次，自天字至往字，凡得二十號五十櫥。〔註112〕

鄭棠《道山集》載：「文淵東閣，前朝秘監，東觀石渠，下閣九間藏《大典》，

〔註105〕（清）瞿鏞：《鐵琴銅劍樓藏書目錄》卷九《史部二》，清光緒常熟瞿氏家塾刻本。

〔註106〕（清）瞿鏞：《鐵琴銅劍樓藏書目錄》卷九《史部二》，清光緒常熟瞿氏家塾刻本。

〔註107〕（清）瞿鏞：《鐵琴銅劍樓藏書目錄》卷九《史部二》，清光緒常熟瞿氏家塾刻本。

〔註108〕（清）嵇璜：《續文獻通考》，卷一百四十一《經籍考》，清文淵閣《四庫全書》本。

〔註109〕（清）全祖望：《鮚埼亭集外編》卷二十三《序》，清嘉慶十六年（1811）刻本。

〔註110〕（清）全祖望：《鮚埼亭集外編》卷四十二《簡帖·移明史館帖子》，清嘉慶十六年（1811）刻本。

〔註111〕（清）永瑢：《四庫全書總目》卷八十五《史部四十一》，清乾隆武英殿刻本。

〔註112〕（清）嵇璜：《續文獻通考》，卷一百四十一《經籍考》，清文淵閣《四庫全書》本。

上閣牙籤縹帙，百二層櫥。」〔註113〕據此推算，若不將《永樂大典》計算在內，則南京文淵閣的藏書數量約爲北京文淵閣的兩倍之多。

《文淵閣書目》除「新志」之外的書籍幾乎全部是南京北調之書，有六千五百部左右。若推算成立，則南京文淵閣的原始藏書應該是一萬三千餘部（不包含《永樂大典》）。

其三，可據《文淵閣書目》的著錄情況考訂《永樂大典》所收書籍的數量。明成祖於永樂二年（1404）重新動工編撰《永樂大典》最重要的原因，即是朱棣認爲已經竣工之《文獻大成》內容不夠完備，故其要求解縉等人將文淵閣藏書盡數用上。若閣臣果眞遵命，則《永樂大典》所收書的數量應與《文淵閣書目》除「新志」之外的書籍數量相差無幾，爲六千五百部左右。

其四，《文淵閣書目》對志書的保存情況爲考訂中國古代方志纂修史提供了重要線索。《文淵閣書目》「舊志」部分所收方志大約是洪武初至永樂四年（1406）《永樂大典》編成之時所編纂的，「新志」部分所收則大約問世於永樂十年（1412）至正統六年（1441）《文淵閣書目》編成之時。時至今日，其中大部分不存於人間，更有相當一部分唯有通過考證《文淵閣書目》才能獲知其信息。《文淵閣書目》可以爲後世學者追溯志書修纂史提供有力的證據。

作爲明代第一部官修藏書目錄，《文淵閣書目》不僅影響了有明一代的公私目錄編纂，更由於其自身具有的重要的史料價值而受到清代以來學者的重視。《文淵閣書目》不僅是後世研究明代藝文時不可或缺的一部分，更成爲明史及書籍史、出版史等領域研究中重要的史料來源與事實依據。例如朱睦㮮《授經圖》不僅著錄了《文淵閣書目》，還將其作爲書籍的出處引用了 5 次；《經義考》引用 7 次，並介紹了該目的情況；《鐵琴銅劍樓書目》引用《文淵閣書目》多達 16 處。此外，《續文獻通考》引用了 10 次，《儀顧堂題跋》16 處，《儀顧堂集》9 處，《䀝宋樓藏書志》13 處，（乾隆）《鄞縣志》10 處，《孼經室集》5 處，《四庫未收書提要》5 處，《溫州經籍志》30 處，《善本書室藏書志》15 處，《鄭堂讀書記》29 處，（光緒）《順天府志》51 處，《愛日精廬藏書志》24 處，《面城樓集抄》6 處，（光緒）《湖南通志》2 處，《日下舊聞考》2 處，《蛾術編》4 處，《中書典故匯紀》5 處，《漢書藝文志拾補》2 處，《隋

書經籍志考證》2 處，《緣督廬日記抄》2 處，《四庫全書總目》77 處之多。由此可見《文淵閣書目》在中國古代學術史中的重要地位。

（三）《文淵閣書目》的不足

《文淵閣書目》以四十類目並行，不設子類目，其於類目設置上略顯粗陋。以「古今志」部分為例。《文淵閣書目》「來」字號共一櫥，收「古今志（雜志附）」128 種。這其中的書籍類別多樣，而該目未作細化。今略加分析如下：

古今志（雜志附）	類　別	數　　　量
「雜志」六十種	考工類書籍十種	《梓人遺制》（三種），《燕幾圖》，《內府宮殿製作》，《營造法式》（二種），《營造法式撮要》，《營造大木法式》，《營造法式看詳》
	少數民族語言文字類書籍三十二種	《蒙古字訓》，《達達字母》（七種），《達達字孝經》，《達達字忠經》，《達達字書》（二種），《達達字佛經》，《譯番中書語》，《女直字盤古書》，《女直字孔夫子書》，《女直字孔夫子游國章》，《女直字家語》，《女直字家語賢能言語傳》，《女直字姜太公書》（二種），《女直字伍子胥書》，《伍子受書》，《女直字十八國鬥寶傳》，《女直字孫臏書》，《女直字善御書》，《女直字海錢公書》，《女直字黃氏女書》（二種），《女直字百家姓》，《女直字哈荅咩兒幹》，《女直字母》
	筆記雜史小說十七種	《山海經》（三種），《張華博物志》，《崔豹古今注》（二種），《中華古今注》，《雲仙散錄》，《乾寧會稽錄》，《續談助》，《玉照新志》，《廣卓異記》，《紫陽先生東遊記》，《夢華錄》（三種），《夢梁錄》
	家史一種	《祖庭廣記》
志書五十七種	總志三十四種	《元和郡縣圖志》，《禹貢山川圖》（二種），《水經》，《歷代地裏指掌圖》（四種），《六朝事蹟》（二種），《十道四蕃志》，《太平寰宇記》（二種），《九域志》（二種），《郡縣志》，《輿地紀勝》（二種），《輿地廣記》，《輿地要覽》，《方輿勝覽》（二種），《大元大一統志》（二種），《元郡邑指掌》，《山林地志集略》，《大明清類天文分野書》（二種），《水利集》（二種），《海潮通考》，《潮說三篇》，《諸蕃志》，《地理叢考》

古今志 （雜志附）	類　別	數　　　量
	區域性志書二十四種	《析津志典》，《洪武京城圖志》，《三輔黃圖》（二種），《元成均志》，《洛陽伽藍記》，《都城紀勝》，《海濤志》，《胡廣省指掌圖》，《南嶽總集》，《治河圖略》，《河朔訪古記》，《嶺外代答》，《北戶錄》，《刊誤志》，《西湖老人繁勝記》，《嚴州圖經》，《雍錄》（三種），《涇渠圖說》，《島夷志》，《百夷傳》（二種）
不見傳本亦不見於著錄、因而無法判斷其性質者十一種		《中原地裏總圖》，《海潮通考》，《禹治水年譜》，《州縣山川古蹟》，《越絕異記》，《總珍集》，《寓齋研記》，《古今異龜錄》，《稽瑞圖》，《地理古鑒》，《諸集熬波圖》

　　儘管《文淵閣書目》的著錄體例與分類模式有其特殊的時效性、目的性與突出的工具性、功用性特徵。然而不可否認的是，《文淵閣書目》無大小序，不作解題，僅記冊數而不著卷數，對作者、版本的著錄略顯隨機，對書籍的數目登記不足，不作細目，分類亦較為粗淺。這些情況的出現使其文獻價值大為折損。作為明代第一部公藏書目，《文淵閣書目》具有無可否認的巨大價值，但同時也具有很大的改善空間。

第二節　錢溥（等）《秘閣書目》

一、《秘閣書目》的作者與版本

　　《秘閣書目》乃正統時錢溥抄錄楊士奇等人編纂之《文淵閣書目》而成。成化間錢山又補「未收書目」於後、且「芟其重複，並為一集」〔註114〕。李丹《〈秘閣書目〉作者辨正》一文據此指出《秘閣書目》的真正編纂者當為錢山。筆者認為這種說法不僅淡化了《秘閣書目》抄自《文淵閣書目》的事實，且湮沒了錢溥的編輯之功。《秘閣書目》乃錢溥抄錄而成。其抄錄時不錄複本、不錄志書，並對類目、書名、部冊數等內容做了一應簡化，使得《秘閣書目》具有了全新的色彩。故而筆者認為，不僅不應將錢溥排除於《秘閣書目》的作者之列，更應認同其對該目的成書所作的首要貢獻。

〔註114〕（明）錢溥：《秘閣書目序》，清抄本。

錢溥字原溥，號九峰，別號瀛州遺叟，諡文通，松江華亭人，官至南京吏部尚書，小楷、行、草俱工。《明臣諡考》載：「錢溥，南吏部尚書，贈太子少保，成化年諡同（按：文通），南直隸華亭縣人。」〔註115〕《本朝分省人物考》詳載其生平：

> 錢溥，字原溥，華亭人，正統己未擢進士，試薔薇露詩，稱旨，命教內書館，援翰林檢討，擢春坊左贊善，仍兼檢討。修《寰宇通志》成，升左諭德，兼編修。天順丁丑改尚寶司少卿，升侍讀學士，賜二品服，充東宮講讀官。壬午，奉使安南國，賜一品服。甲申，坐內侍王倫事，出知廣東順德縣。成化丙戌，復故官閒住。癸巳，起掌南京翰林院事。秩滿赴京，擢南京吏部左侍郎。己亥，入賀聖節，尋乞歸。命以本部尚書致仕，補一子為國子生。丁未，進階榮祿大夫，再補一子國子生。弘治戊申五月卒，年八十一，賜諡文通。溥少有文名，既擢第，聲譽勃起，……時以為得體。前後五典文衡，門生滿天下，文章瞻蔚，至老猶不衰。四方求請者相屬，名山靈境鐫刻殆遍。尤善交際，見者無貴賤，皆得其歡心，故人尤傾慕之。

錢溥於正統四年（1439）舉進士，「明年詔選入東閣為史官」〔註116〕，得覽文淵閣藏書。因卷帙浩繁，一時不得盡閱，於是「僅錄其目，藏以待考」〔註117〕。成化二十二年（1486）溥子山錄「未收書目」，並錢《目》而為一書，錢溥作序志之。馬慶洲《馬愉與「三楊」》文有「成化年間，錢溥及其子在《文淵閣書目》基礎上編成《秘閣書目》二卷」的說法，或有不妥。

明內府藏書多置文淵閣中。除皇帝外，往往只有內閣大學士、中書舍人、庶吉士等身份相關者方有機會接觸，等閒人士無法輕易閱覽。錢溥亦是憑藉正統間任職東閣史官的機會方得閱藏書，《秘閣書目》的抄錄亦當在此時。成化十五年（1479）錢溥致仕，「己亥，入賀聖節，尋乞歸。命以本部尚書致仕」〔註118〕，故而無法於成化二十二年（1486）復得見文淵閣藏書。更有錢溥《秘閣

〔註115〕《明臣諡考》卷上《文通》，清文淵閣《四庫全書》本。
〔註116〕（明）錢溥：《秘閣書目序》，清抄本。查《明英宗實錄》「正統五年（1440）夏四月辛巳……命行在吏部考功司主事朵琰、進士錢溥於內府授小內使書」，王俱《資善大夫南京禮部尚書諡文通錢公行狀》「庚申（1440）……授行在翰林院檢討，命教內書館」，「丙寅（1446）復任，辭內書館，進東閣修書」，可知錢溥入東閣乃是此時。
〔註117〕（明）錢溥：《秘閣書目序》，清抄本。
〔註118〕（明）陳威修，顧清纂：《松江府志》，正德七年（1512）刻本。

書目序》所稱，「雖欲盡之，恐皓首不能。於是僅錄其目，藏以待考」。而成化二十二年（1486）時錢溥已是致仕老人，該《序》即題於「敕賜歸榮所」。此時的錢溥恐早已「皓首」，其時間先後如是，故可知正統時錢溥所作者乃一序而已。若馬文所指爲錢溥所言「並前爲一集」之事，則成化間重訂之《秘閣書目》當是在錢溥抄錄的《秘閣書目》基礎上編成的，稱《文淵閣書目》則爲不妥。

對於《秘閣書目》的作者有誤稱爲楊士奇或馬愉的，又有稱錢溥父子所撰爲《內閣書目》者，前文已有辨誤〔註 119〕，此不贅述。究其所以，乃是秘閣、內閣、文淵閣三名混稱，以至誤導後人。

《秘閣書目》現存版本有四，一爲臺灣圖書館藏明抄本，一爲中科院圖書館藏清抄本，內有鄧之誠的跋文；一爲浙江圖書館藏清抄本；一爲國圖藏清抄本，不分卷，《宋元明清書目題跋叢刊》及《明代書目題跋叢刊》皆據以影印。其中，浙圖藏本與國圖本行款、內容及訛誤之處完全一致，當是同出一源〔註 120〕。

二、「未收書目」所錄書目的來源

對於「未收書目」所列之書的來源，據錢溥所言，乃其子山自京歸來後所補入者：「近吾子山自京授職回，又□未收書目，芟其重複，並前爲一集。」〔註 121〕

中國科學院圖書館藏本《秘閣書目》於「未收書目」開首即有「經史子集緊要待用」八字，共列有各類書籍七十七種，其後乃分類列書。國家圖書館與首都圖書館皆藏有《內閣書目》一部〔註 122〕，二者雖有出入，但同出一源，都是《文淵閣書目》的摘抄本。該本之後附有「古今書目補」，與錢山所錄之「未收書目」相對應。「古今書目補」僅分經書總集與易經兩類，但著錄具體，均載書名、作者、朝代，個別有卷數，但無冊數。

李丹認爲，「所謂『未收書目』，當指其父所錄之『秘閣書目』未載而後來入藏秘閣的圖書」〔註 123〕。而張昇則推斷，錢山所擬者應是用類似方法擬

〔註 119〕按：參見前文「《文淵閣書目》的編撰者」部分。
〔註 120〕按：參見劉仁：《〈秘閣書目〉之〈未收書目〉考論》，《古典文獻研究》十七輯下卷。
〔註 121〕（明）錢溥：《秘閣書目序》，清抄本。
〔註 122〕按：國圖所藏爲明抄本，首圖所藏爲清袁芳瑛漱六樓抄本。詳見張昇：《明清宮廷藏書研究》第 37 頁，北京：商務印書館，2006 年。
〔註 123〕李丹：《〈秘閣書目〉作者辨正》，《古典文獻研究》2005 年第 0 期，第 185 頁。

就的求書目錄，是據其他書目抄回的：「推測錢氏序文之意，這些書似乎應是正統六年至成化二十二年之間新入藏文淵閣之書。然而，這些書的數量相當多（從種數來看約占《文淵閣書目》的一半），這段時間不太可能收羅這麼多的書，何況史料中並沒有這期間大規模收羅遺書的記載；另外，這期間也無人整理過文淵閣的書目……另外，這些書不載史冊，分類亦與《文淵閣書目》不同，顯然不符合《文淵閣書目》的體例。我們認爲『未收書目』反映的不是當時文淵閣的藏書，可能是錢山據其他書目抄錄的。」〔註124〕

筆者認同張昇的看法，認爲「未收之書」應該是楊士奇《文淵閣書目》著錄時北京文淵閣內未收、而錢山認爲當收之書。且據劉仁《〈秘閣書目〉之〈未收書目〉考論》一文考證，《未收書目》大部分採自馬端臨《經籍考》，是在《經籍考》的基礎上刪去與《文淵閣書目》重複的部分而成的。這一考據結果亦爲張昇的看法提供了佐證。

三、《秘閣書目》的編纂體例

本文以國圖藏清抄本爲對象進行探討。該本前有錢溥於成化二十二年（1486）所撰的《秘閣書目序》。並引陸深《儼山外集》對至正初征求東南遺書情況的記載：

> 元至正初，史館遣屬官馳驛求書，東南異書頗出。時有蜀帥紐鄰之孫，盡出其家資，遍遊江南。四五年間得書三十萬卷，溯峽歸蜀，可謂富矣。今江西在江南號稱文獻故郡，予來訪之，藏書甚少，間有一二，往往新自北方載至，亦無甚奇書。而浙中猶爲彼善，若吾吳中，則有群襲有精美者矣。〔註125〕

又有「太宗皇帝肇建北京，敕翰林院凡南京文淵閣所貯古今一切書籍，自一部至有百部以上送京，餘悉封識，收貯如故。永樂四年，從解縉之請，召禮部尚書鄭賜，令擇通知典籍者，四出購求遺書」〔註126〕一段，簡述了秘閣藏書的來源。其後爲《秘閣書目》正文，無大小序，無解題，記書名、冊數，設 37 類，著錄書籍 4155 種。正文之後爲「未收書目」，乃錢溥子山補錄，只

〔註124〕張昇：《文淵閣書目考》，《慶祝北京師範大學一百週年校慶歷史系論文集·史學論衡·下》，北京：北京師範大學出版社，2002 年。
〔註125〕（明）錢溥：《秘閣書目序》，《秘閣書目》卷首，國圖藏清抄本。
〔註126〕（明）錢溥：《秘閣書目序》，《秘閣書目》卷首，國圖藏清抄本。

記書名。中國科學院圖書館藏清抄本於「未收書目」開首即有「經史子集緊
要待用」八字，列有各類書籍 77 種，其後乃分 11 類，著錄書籍 1609 種，僅
列書名。末以楊士奇、馬愉等所奏之《文淵閣書目題本》附之。

　　《秘閣書目》的類目設置及各類數量詳見下表：

部　類	數　量	
本朝	114	
易	114	
書	51	
詩	20	
春秋	78	
周禮	50	
禮書	50	
樂書	9	
諸經總集	46	
四書	82	
性理	111	
附	15	
經濟	92	
史	108	
史附	130	
史雜	116	
子書	64	
子雜	224	
雜附	14	
文集	582	
詩辭	315	
大明詩選〔註 127〕	97	

〔註 127〕 按：《文淵閣書目》「詩詞」類著錄有「《大明詩選》一部二冊」，未有單設「大
　　　　　明詩選」一類的做法。《秘閣書目》於行文中將「大明詩選」四字作為類目名
　　　　　著錄，下無部冊數，然其前後各書的著錄次序皆與《文淵閣書目》相同，且
　　　　　該類之內亦有《宋太史蘿山吟》、《竹坡詩話》等前代著述。故而筆者推斷，
　　　　　錢溥此處當是將《文淵閣書目》所著之書誤錄為類目之名。此亦可作為《秘
　　　　　閣書目》的主體部分抄自《文淵閣書目》的證據之一。

部　類	數　量	
類書	184	
韻書	84	
姓氏	15	
法帖	180	
畫譜（諸譜附）	67	
政書	50	
刑書	28	
兵書	81	
算法	27	
陰陽書	255	
醫書	186	
農圃	14	
道書	138	
佛書	309	
古今通志	85	
37 類	4155 種	總　計

《未收書目》

部　類	數　量	
經史子集緊要待用	77	
經	275	
史	162	
子書	217	
司天考	59	
兵書	18	
醫書	86	
雜藝	54	
文集	291	
詩集	316	
奏議	33	
總集	98	
11 類	1609 種	總　計

四、《秘閣書目》的學術價值

　　於《文淵閣書目》之外，《秘閣書目》亦基本保存了明初文淵閣藏書的概貌，具有重要的文獻價值。王兆鵬所著《宋代文學傳播探原》即多次引用錢溥《秘閣書目》所載之書籍信息。如「杜安世《壽域詞》」一節稱「杜安世《壽域詞》，北宋時未知有傳本。……明錢溥《秘閣書目》載有《杜壽域詞》」〔註128〕；「趙令時《聊復集》」一節稱「趙令時《聊復集》，……明錢溥《秘閣書目》著錄有《聊複詞》，是明代尚存」〔註129〕；「賀鑄《東山詞》、《東山寓聲樂府》」一節稱「明錢溥《秘閣書目》著錄有《東山寓聲樂府》，是明代尚存其一種」〔註130〕；「劉一止《劉行簡詞》」一節稱「劉一止詞，南宋時有兩種刻本。……明錢溥《秘閣書目》載有《劉行簡詞》，是明代尚存其書」〔註131〕；「張元幹《蘆川詞》」一節稱「明錢溥《秘閣書目》著錄有『《蘆川集》』，然未標版本卷數，書名倒是與周必大所見本相同，或同出一源」〔註132〕等。

　　《秘閣書目》著錄的書名與《文淵閣書目》所載偶有出入。如《文淵閣書目》稱《皇明祖訓》者，《秘閣書目》稱《皇朝祖訓》。考萬曆間張萱所編《內閣藏書目錄》所載亦稱《皇明祖訓》，則此處當爲錢溥抄錄隨意之故。

　　此外，《秘閣書目》在著錄時對書名做了簡化。如易類之下，《文淵閣書目》稱《周易子夏傳》、《周易鄭康成注》者，《秘閣書目》則稱《子夏傳》、《鄭康成注》，僅通過將這些書籍同歸於「易」類之下的方式標識書籍內容。且該目不錄複本，不錄志書，較之《文淵閣書目》則更爲簡化，凸顯了其家藏備考的帳簿式特徵。

五、《秘閣書目》與《文淵閣書目》的關係

　　《秘閣書目》的主體部分乃錢溥抄錄楊士奇等編著之《文淵閣書目》而成，其目後所附之正統六年（1441）楊士奇三人的奏疏，亦可彰示此二目的淵源。然而，張昇將錢氏父子之《秘閣書目》（《內閣書目》）當作是楊士奇《文淵閣書目》的版本之一〔註133〕，筆者不敢苟同。

〔註128〕王兆鵬：《宋代文學傳播探原》，第206頁，武漢：武漢大學出版社，2013年。
〔註129〕王兆鵬：《宋代文學傳播探原》，第231頁，武漢：武漢大學出版社，2013年。
〔註130〕王兆鵬：《宋代文學傳播探原》，第233頁，武漢：武漢大學出版社，2013年。
〔註131〕王兆鵬：《宋代文學傳播探原》，第266頁，武漢：武漢大學出版社，2013年。
〔註132〕王兆鵬：《宋代文學傳播探原》，第297頁，武漢：武漢大學出版社，2013年。
〔註133〕張昇：《文淵閣書目考》，《史學論衡》，第88頁。

其一，二者著錄的內容有所不同。錢氏書目是由兩部分組成，其一是錢溥摘錄的楊氏書目，其二是錢山補入的「未收書目」。錢溥摘錄楊氏書目時，並非全盤抄錄，而是有選擇的摘抄。如上文所述，《秘閣書目》於《文淵閣書目》所著錄同書不同版之書只記一種，新舊志兩類則完全捨棄不錄。錢山補入的部分，更是《文淵閣書目》未有的內容。

其二，二者的類目體例有所不同。《文淵閣書目》依「千字文」編號分櫥。以若干部為一櫥，若干櫥為一號，總五十櫥二十號。分為國朝、易、書、詩、春秋、周禮、儀禮、禮記、禮書、樂書、諸經總類、四書、性理、附（按：實錄、傳、年譜等）、經濟、史、史附、史雜、子書、子雜、雜附、文集、詩詞、類書、韻書、姓氏、法帖、畫譜（諸譜附）、政書、刑書、兵法、算法、陰陽、醫書、農圃、道書、佛書、古今志（雜志附）、舊志、新志四十類。

《秘閣書目》的主體部分分為本朝、易、書、詩、春秋、周禮、禮書、樂書、諸經總集、四書、性理、附（孔子、朱子等的實錄、年譜）、經濟（政要、奏議等）、史、史附、史雜、子書、子雜、雜附、文集、詩辭、大明詩選、類書、韻書、姓氏、法帖、畫譜（諸譜附）、政書、刑書、兵書、算法、陰陽書、醫書、農圃、道書、佛書、古今通志三十七類。正文之後為「未收書目」分為經史子集緊要待用、經、史、子書、司天考、兵書、醫書、雜藝、文集、詩集、奏議、總集十一類。

與《文淵閣書目》相較，《秘閣書目》刪去了「舊志」、「新志」兩類不著錄；將「儀禮」、「禮記」二目合併入「周禮」、「禮書」之中。此外，《秘閣書目》將明人詩詞從「詩辭」中獨立出來，設「大明詩選」一類專門歸納。這一做法體現出對當代人著述的重視，亦可凸顯明代著錄之盛，開後世書目之先河。其後的《澹生堂藏書目錄》於叢書類中單設「國朝史」一類、《世善堂書目》於史類設「明朝記載」等，皆是對《秘閣書目》此意的延續。至於「未收書目」部分更是於《文淵閣書目》之外的創新，其類目設置亦與《文淵閣書目》無甚關礙。

綜上而言，雖然《文淵閣書目》是《秘閣書目》的直接內容來源，但錢氏父子於編目時進行了較為明顯的編輯工作，使得《秘閣書目》無論從著錄內容還是著錄體例上皆與《文淵閣書目》拉開了距離。故而筆者認為將二《目》視為具有內部聯繫的兩種獨立的書目的做法或更為妥帖。

第三節　張萱（等）《內閣藏書目錄》

一、稱張萱等人所撰為《文淵閣書目》的情況

余繼登《典故紀聞》稱「……舍人張萱作《文淵閣書目》，已缺失不備，而典籍久爲虛設矣」〔註134〕。清代《詞林典故》所載同。《澹生堂藏書目》載「《文淵閣藏書目》四冊。十二卷，萬曆年間張萱等輯」〔註135〕。（道光）《廣州通志》稱張萱「嘗爲中書舍人，纂《文淵閣書目》」〔註136〕。《古夫于亭雜錄》卷六「《疑耀》撰者」條稱「萱嘗爲中書舍人，撰《文淵閣書目》」〔註137〕。《明詩紀事》轉引《靜志居詩話》「孟奇（張萱）熟於典故，周見洽聞，著書頗多。其在西清重編《文淵閣書目》，具載卷帙，補前人闕漏。惜乎香廚所存已失其什九矣」〔註138〕。

萬曆三十三年（1605），張萱曾與孫能傳、秦焜、吳大山等人奉命校理內閣藏書，撰《內閣藏書目錄》，又名《新定內閣藏書目錄》、《內閣書目》、《秘閣書目》。稱張萱編定《文淵閣書目》者，當是以張萱所校理者亦爲文淵閣所藏之書，而將《內閣藏書目錄》統稱爲《文淵閣書目》之故。

二、《內閣藏書目錄》的作者張萱等人

《內閣藏書目錄》爲萬曆三十三年（1605）大理寺副孫能傳，中書舍人張萱、秦焜、郭安民、吳大山等人奉敕重新校理內閣藏書時編纂的內閣藏書目錄。該目末有題記一則，稱：

> 萬曆三十三年歲在乙巳，內閣敕房辦事大理寺副孫能傳、中書
>
> 舍人張萱、秦焜、郭安民、吳大山奉中堂諭校理並纂輯。

孫能傳，字一之，寧波（按：今屬浙江）人，明代學者、目錄學家。萬曆四十四年（1616）進士，官內閣敕房辦事，遷工部員外郎，著有《諡法纂》、《益智編》、《剡溪漫筆小敘》等。

〔註134〕（明）余繼登：《典故紀聞》卷三，北京：中華書局，1981年。
〔註135〕（明）祁承㸁：《澹生堂藏書目》卷五《書目》，光緒徐氏鑄學齋刻本。
〔註136〕（道光）《廣州通志》，卷一百九十四《藝文》。
〔註137〕（清）王士禎撰，趙伯陶點校：《古夫于亭雜錄》，第141頁，北京：中華書局，1988年。
〔註138〕（清）陳田：《明詩紀事》卷十三《庚籤》，上海：上海古籍出版社，1993年。

　　張萱，字孟奇，號九嶽山人、青眞居士，別號西園。博羅（按：今廣東惠州）人。明代著名目錄學家、藏書家、書法家。萬曆十年（1582）舉人，授殿閣中書，歷官戶部郎中，官至平越知府。萬曆二十六年（1600）遷內閣敕房辦事、中書舍人，後遷戶部郎中。《千頃堂書目》等處著錄《內閣藏書目錄》時專題張萱，則其應為主筆。

　　秦焜，生平不詳。（雍正）《廣西通志》載：「秦焜，臨桂人。」〔註139〕

　　郭安民，（乾隆）《懷慶府志》稱「汾西人，歲貢」〔註140〕。（雍正）《河南通志》稱「山西汾陽人。歲貢」〔註141〕。

　　吳大山，錢塘人，貢生。《新纂雲南通志》稱其「萬曆中為曲靖兵備道，風裁整肅，政寬和，士民感悅，下吏奉法。後遷右參政」〔註142〕。

三、《內閣藏書目錄》的版本

（一）清虞山錢氏述古堂抄本。臺圖。

（二）清遲雲樓抄本。八卷，五冊，十三行二十四字，白口，左右雙邊。國圖。

（三）清錫恆遠齋抄本。八卷，四冊，十行二十字，白口，四周雙邊。國圖。

（四）清抄本。國圖（存卷一至卷七，清唐翰題跋），八卷，一冊，十行二十字，白口，四周雙邊。北大。上海。復旦（清沈復粲跋）。南京（清丁丙跋）。湖南（存卷五至八）。臺圖。

（五）清劉氏味經書屋抄本。一冊，十行二十一字，細黑口，左右雙邊。存四卷（卷五至卷八）。國圖。

（六）濟寧李氏刻本（傅增湘校），《礪墨亭叢書》之一。

（七）繆氏藕香簃抄本。上海（繆荃孫校）。中山大學。

（八）民國二年（1913）烏程張氏刻本，《適園叢書》之一。國圖，中科院，北大，上海，復旦，天津，遼寧，南京，浙江，湖北，四川，寧夏。卷末張氏跋語稱該本乃據人月雙清閣與持靜齋兩抄本梓行，則知又有

〔註139〕（雍正）《廣西通志》卷七十四《萬曆十九年辛卯科》，清文淵閣《四庫全書》本。

〔註140〕（乾隆）《懷慶府志》上卷，清乾隆五十四年（1789）點校本。

〔註141〕（雍正）《河南通志》卷三十二《懷慶府》，清文淵閣《四庫全書》本。

〔註142〕江燕、文明元、王珏點校：《新纂雲南通志·八》，第32頁，昆明：雲南人民出版社，2007年。

人月雙清閣與持靜齋抄本各一種。《宋元明清書目題跋叢刊》據《適園叢書》本影印。

四、《內閣藏書目錄》的編纂體例

《文淵閣書目》設類四十，開公藏書目中多類目並行之先河。《內閣藏書目錄》延續了這一傳統，並參照了前代各家的設類方式，將閣內藏書做了重新統計歸置。該目分聖製部、典制部、經部、史部、子部、集部、總集部、類書部、金石部、圖經部、樂律部、字學部、理學部、奏疏部、傳記部、技藝部、志乘部、雜部 18 類，著錄內府藏書 3019 種〔註143〕。《內閣藏書目錄》著錄書名，有簡略的解題，著錄作者、版本、書籍的內容結構、創作主旨、命名由來、存佚、同書異名等信息。

《內閣藏書目錄》的類目設置及各類著錄數量詳見下表：

部　類	二級類目	備　註
聖製部 99		
典制部 95		
經部 337		
史部 66		
子部 66		
集部 629		
總集部 50		
類書部 30		
金石部 40		
圖經部 71		
樂律部 14		
字學部 38		
理學部 128		
奏疏部 98		
傳記部 68		
技藝部 45		
志乘部 889	（綜合性地理書）19	

〔註143〕按：十八類之內著錄 3018 種，孫能傳等人題本之後又續添《文海披沙》1 種。

部　　類	二級類目	備　　註
	北直隸 263	
	南直隸 67	
	浙江 77	
	福建 35	
	湖廣 52	
	四川 69	
	山東 9	
	山西 87	
	河南 63	
	陝西 80	
	廣東 6	
	廣西 44	
	雲南 12	
	貴州 2	
雜部 256		
18 部	3019 種	正文 3018 種，孫能傳等人題本後續添一種〔註144〕。

五、《內閣藏書目錄》的特色

（一）《內閣藏書目錄》的著錄特色

文淵閣藏書多歷劫難。《文淵閣書目》編著之後，閣內藏書不斷散佚，至萬曆中已十不一存。朱彝尊稱：

> ……迨萬曆乙巳，輔臣諭內閣敕房辦事大理寺副孫能傳，中書舍人張萱、秦焜、郭安民、吳大山校理遺籍，惟地志僅存，亦皆嘉隆後書，初非舊本，經典散失，寥寥無幾。〔註145〕

> 今以正統六年目錄對勘四部之書，十亡其九，惟「地志」差詳然。宋元圖經舊本並不登載，著於錄者悉成弘以後所編，是則內閣藏書至萬曆年已不可問。重編之目殆取諸刑部、行人司所儲，錄之

〔註144〕按：為「《文海披沙》，四冊全」。

〔註145〕（清）朱彝尊：《曝書亭集》卷四十四《文淵閣書目跋》，《四部叢刊》影清康熙本。

以塞責爾。〔註146〕

舊藏散佚的同時，亦有新的書籍間或增益入閣。王士禎《居易錄》稱：

> ……其書視《文淵閣目》所載則缺失多矣。累朝亦間有增益者，
> 因並錄《毛詩疏解》諸目於此。〔註147〕

對於內閣藏書的損益情況，《明史藝文志·序》有所總結：「值世廟而後，諸主多不好文，不復留意查核，內閣之儲，遂缺軼過半。萬曆間，中書舍人張萱始請於閣臣，躬自編類，更著目錄，則視前所錄，十無二三。所增益者僅近代文集地志，其他唐宋遺編，悉歸子虛烏有。」〔註148〕則《內閣藏書目錄》所載書籍之數量及內容價值皆無法與明初盛況並肩。

然而，《內閣藏書目錄》的解題較之前代書目而言是巨大的進步。該目於解題中著錄作者姓名、籍貫、官職以及書籍的章節內容、編著體例、創作主旨、存佚全缺、版本等情況，並間或點評書籍的學術價值，包含有豐富的信息。《內閣藏書目錄》是明代為數不多的具有解題的書目之一，更是唯一一部帶有解題的官方藏書目錄。朱彝尊贊其「較正統書目大為過之」〔註149〕、「大略合乎晁氏、陳氏之旨」〔註150〕。該目解題長短不拘，著錄內容多樣而無強為之辭，顯得精練，實用性強。

《內閣藏書目錄》於解題中對書籍的存佚全缺情況做了較為細緻的著錄。作為重新清點閣藏書籍的核對性書目，《內閣藏書目錄》將各部書籍的存佚全缺概貌詳錄其下，並於解題中交代書籍的成書、刊行情況，具有保存史料的價值：

> 聖製部
>
> 《存心錄》二冊，不全。
>
> 洪武間，命儒臣劉三吾等編次本朝祭祀壇位、禮儀、圖說，又以歷代群書災詳可驗者條列於後，且述齋戒之義，以備觀覽。先有

〔註146〕 （清）朱彝尊：《曝書亭集》卷四十四《跋重編內閣書目》，《四部叢刊》影清康熙本。

〔註147〕 （清）王士禎：《居易錄》卷十七，清文淵閣《四庫全書》本。

〔註148〕 （清）萬斯同：《明史》卷一百三十二《志一百六》，清抄本。

〔註149〕 （清）朱彝尊：《曝書亭集》卷四十四《文淵閣書目跋》，《四部叢刊》影清康熙本。

〔註150〕 （清）朱彝尊：《曝書亭集》卷四十四《跋重編內閣書目》，《四部叢刊》影清康熙本。

刻本，後改訂作寫本，今止共存三冊。

《存心錄》爲明初敕撰的禮儀教育著作，《晁氏寶文堂書目》、《翰林記》、《南雍志・經籍考》等對該書皆有記載。清人朱彝尊有《曝書亭》藏本，中多有殘缺。據《內閣藏書目錄》此處的記載，則知該書於萬曆時已非全本。

《內閣藏書目錄》對藏書的複本、以及同一作者的多種作品採取了合併著錄的方法，行文簡要明晰。該目在著錄複本時，採用了在書名上加一「又」字、另行著錄的方式：

　　　　聖製部

　　　　《御製文集》三層，全。高皇帝制。又五冊，全。

在著錄同一作者的作品時，亦採取了這種方式：

　　　　集部

　　　　《斛山遺稿》四冊。又《楊斛山先生文集》五冊，全。嘉靖間

　　　關中楊爵著。

又有稱「同前」者：

　　　　集部

　　　　升菴《南中集》一冊。楊愼著。

　　　　《詩話補遺》一冊。同前人。

這種方法避免了重複著錄的情況發生，是對書目著錄體例的簡化，可看做表格式著錄法的一種變體，爲《脈望館藏書目》、《澹生堂藏書目》等書目所沿用。

　　與《文淵閣書目》相比，《內閣藏書目錄》還強化了對版本項的著錄。如「《大明寶訓》四冊，全。太祖高皇帝御製。凡四卷，抄本」、「《五代史》十冊，全。宋歐陽修撰，國子監新刻」、「《李文公集》二冊，全。同前人。邵武新板」等。

　　雕版印刷普及後，大凡手抄之書多爲宋元珍秘之本，少見流傳，故爲文人士大夫所重。張萱本人即曾借職務之便抄錄內府所藏諸多秘本，甚至雇人抄書，稱「弟居西省八年，盡發金匱石室之藏遍讀之，而人間多所未見，故手錄者三，傭書者七。……及八年之間，諸所撰述共十有二簏」〔註151〕，對抄本十分重視。《內閣藏書目錄》中凡抄本者全部標識，數量極多，可見閣藏書籍之善。

〔註151〕 （明）張萱：《西園存稿》卷三十六《與王百穀太學》，清康熙刻本。

此外，《內閣藏書目錄》對同書異名的情況亦做有明確的闡述。如該目技藝部著錄了《銅板經》一冊，稱「一名《列宿演義》」。《文淵閣書目》亦記《銅板經》一書，然未做解題。張萱等人對該書的信息做了補充，《列宿演義》之名或僅見於《內閣藏書目錄》的記載，成為後世考證書籍流傳的珍貴線索。

（二）《內閣藏書目錄》的分類特色

《內閣藏書目錄》首設「聖製」、「典制」二部，乃是對《文淵閣書目》「國朝」類的繼承與細分；將「理學」、「樂律」單設，將「志乘」末置，皆有《文淵閣書目》舊意。「雜」部的設立以及將經、史、子、集與別部並行的做法則或是對《玩易樓藏書目錄》的借鑒。此外，萬曆之前的《文淵閣書目》、《江東藏書目》、《二酉山房書目》、《寶文堂書目》、《博雅堂藏書目錄》、《玩易樓書目》等皆將「類書」單置，而《內閣藏書目錄》亦採用了這一體例。

一級類目之外，《內閣藏書目錄》又依地域設十六類，對「志乘部」所載889 種方志做了細分。這是該目對明代前期諸家書目單一類目並行的設類方式的突破，是目錄學家分類意識增強的表現。二級類目的出現，使得書目的體例更為精密，書籍的學術、地域等特性亦隨之得以凸顯。

《善本書室藏書志》對該目的著錄及類例有所介紹：

> 《內閣藏書目錄》八卷，抄本。

> 右目卷一聖製部、典制部，卷二經史子三部，卷三集部，卷四總集、類書、金石、圖經部，卷五樂律、字學、理學、奏疏部，卷六傳記、技藝部，卷七志乘部，卷八雜部。略注撰人姓名、官職、書之全闕而部類參差，殊鮮端緒。末葉記云：萬曆三十三年歲在乙巳，內閣敕房辦事大理寺左寺副孫能傳，中書舍人張萱、秦焜、郭安民、吳大山奉中堂諭校理並纂輯。其時內閣已稱為中堂，亦稽古之一端也。有愛餘堂珍藏印。〔註152〕

六、《內閣藏書目錄》的價值

烏程張氏《適園叢書》本《內閣藏書目錄》末有張鈞衡跋語一篇（按：與丁丙跋同），稱《內閣藏書目錄》「略注撰人姓名、官職、書之完闕，而部類參差，殊鮮端緒。……至萬曆三十三年已閱一百六十四年，方命能傳等重

〔註152〕（清）丁丙：《善本書室藏書志》卷十四，清光緒刻本。

編此目。較正統書目，十不一存。又加入歷朝編撰之書，書後略記撰人姓氏、原始，亦不詳備，比宋之《崇文總目》、本朝之《四庫提要》殊爲減色」〔註153〕。則張氏（按：或丁氏）此言乃是從「辨章學術、考鏡源流」的角度出發，忽略了《內閣藏書目錄》作爲公藏書目的獨特屬性。

余嘉錫的評價則較爲中肯：

> 至神宗萬曆時，中書舍人張萱等取閣中書重加檢校，編爲《內閣藏書目錄》，分爲部類，並注撰人姓名。亦間有解題。然其文甚略，於原書卷數不盡著，體例亦未盡善，而較之楊士奇目，差可備考。
>
> 今欲窺有明一代之儲藏，惟此二書而已。〔註154〕

相比前後各代公藏書目而言，《內閣藏書目錄》的確顯得著錄簡略，體例未備。然而，作爲明代的公藏書目而言，《內閣藏書目錄》的解題內容及著錄體例皆遠勝於《文淵閣書目》，提供了重要的書籍信息，這種著錄是該目的巨大成就。此外，《內閣藏書目錄》記載了萬曆中期內府的藏書情況，與明初的《文淵閣書目》前後呼應，是考求明代官藏書籍流變的重要資料。

以易類書籍爲例。《文淵閣書目》「易類」收錄158種，既有《古周易》，又有子夏《易傳》、鄭康成《易注》、王弼《易注》、孔穎達《周易注疏》、李鼎祚《周易集解》等傳注，又有東坡《易解》、橫渠《易說》、程朱《易說》等宋人經解。這些書籍更多有複本，如《焦氏易林》有2種，《周易孔穎達注疏》有2種，《東坡易解》有3種，《周易王弼注》更多達6種等。則明初內閣收藏的易類書籍不僅內容豐富全面，且數量較多，十分珍貴。

與《文淵閣書目》相比，《內閣藏書目錄》不僅未爲易書專門設類，且僅著錄《周易傳義大全》、《東坡先生易解》、《東坡易解》、《復齋易說》、《正易心法》5種，而各種的數量亦不及《文淵閣書目》爲多。詳見下表：

	《文淵閣書目》	《內閣藏書目錄》
《周易傳義大全》		一部。共十三冊。不全。
《東坡先生易解》	一部。四冊。（闕）	三冊。不全。
《東坡易解》	一部。三冊。（闕）	一冊。不全。
	一部。三冊。（闕）	

〔註153〕（清）張鈞衡：《內閣書目》跋語，《內閣藏書目錄》卷末，烏程張氏《適園叢書》本。
〔註154〕余嘉錫：《目錄學發微》，第105至108頁，上海：上海古籍出版社，2013年。

《復齋易說》	一部。二冊。（完全）	一冊。全。
	一部。二冊。（闕）	
《正易心法》	一部。一冊。（完全）	一冊。全。
	一部。一冊。（闕）	

由上表可見，除《周易傳義大全》未爲《文淵閣書目》單獨歸類收錄之外〔註155〕，《內閣藏書目錄》收錄的易類書籍不僅在種數上與明初盛況有天壤之別，於每種書籍的保存完整程度上亦多有未及。其中，《正易心法》一冊或爲明初舊本，而《內閣藏書目錄》爲該書作了較爲詳細的解題，對該書的作者、年代、相關序跋及其內容結構皆有所交代，較之《文淵閣書目》是爲一大進步。《復齋易說》一書，《文淵閣書目》兩部皆爲二冊，後世清點時稱二冊本爲「完全」。而《內閣藏書目錄》僅著錄一冊，亦稱「全」。則或因舊本兩部至萬曆時已全佚、《內閣藏書目錄》收錄的一冊本乃後入藏之本。《文淵閣書目》收錄《東坡易解》3 種，然清點時皆佚失，乃不可知其原貌。《內閣藏書目錄》僅存 2 種，亦皆不全。

由易類可見，將《內閣藏書目錄》與《文淵閣書目》相對，則明代文淵閣百數年間的藏書流散情況便可以最直觀的形式呈現出來，觀之令人觸目驚心。

綜上而言，就書目的編纂程度上看，《內閣藏書目錄》的編纂者較之《文淵閣書目》的編纂者而言付出了更多的心血，而《內閣藏書目錄》的目錄學價值亦遠高於《文淵閣書目》。《內閣書目》與《文淵閣書目》一起，反映出了明代內閣藏書的流變，具有無可替代的史料價值。

第四節　徐圖（等）《行人司重刻書目》

一、行人司概述

「行人」之名首見於《周禮》：「小行人：掌邦國賓客之禮籍，以待四方之使者。令諸侯春入貢，秋獻功；王親受之，各以其國之籍禮之。凡諸侯入王，則逆勞於畿。及郊勞、視館、將幣，爲承而擯。凡四方之使者，大客則

〔註155〕按：《文淵閣書目》於「國朝」類收錄《五經四書性理大全》兩部，內含《周易傳義大全》。

擯，小客則受其幣而聽其辭。使適四方，協九儀賓客之禮。朝、覲、宗、遇、會、同，君之禮也。存、頫、省、聘、問，臣之禮也。」〔註156〕漢代行人爲大鴻臚屬官，武帝時稱大行令，而三國至於元則無行人之職。明代乃先有行人之職，後有行人司之署。洪武二年（1369）楊載以行人身份奉詔告諭日本，洪武十三年（1308）行人司始立〔註157〕。

明代行人司初設之時官員多爲舉薦之孝廉茂才，品位亦不高。「置行人司。設行人一秩，正九品。左、右行人各一秩，從九品」〔註158〕。「命孝廉茂才年四十以下者於行人司差遣，以試其才」〔註159〕。洪武二十七年（1394），朱元璋因孝廉茂才出身的行人文化素養不足，且品級過低，無法很好地勝任使者一職，故將行人司司正升爲正七品，「左右司副爲從七品，行人爲正八品。凡設官四十員。咸以進士爲之」〔註160〕。自此之後，行人司內聚集了眾多的高級知識分子，形成了很好的文化氛圍，司內藏書亦漸成風氣。

二、《行人司重刻書目》的作者與版本

徐圖，字君猷，又字明宇，山東掖縣人，萬曆十一年（1583）進士，歷任武進知縣、兩淮御史、行人司司正、戶部郎中等職。任行人司司正時，徐圖獨創了一種聚書之法，使其時行人司的藏書達到空前之盛：「署中著爲令凡乘使車事竣，報，命無不購書數種爲公贄。贄即留署中。蓋歷幾時幾何人，異書畢集，儼然鄴架。」〔註161〕王欣夫跋語亦引陳繼儒《太平清話》稱行人司有例，其以事奉差覆命者，納書數部於庫。秘閣而外，差可讀者此耳，「據此則當爲明代官署藏書之最富者」〔註162〕。

萬曆二十三年（1593）時，行人司司正黃怡堂即編刻過《行人司書目》，「稿三易而後就。其臚列甚具」〔註163〕，今惜不傳。萬曆三十年（1602），時任司正的徐圖因感於司中所藏書籍「浸久緗帙不無散佚，又輒相假，假則歸

〔註156〕陳戌國點校：《周禮·儀禮·禮記》，第92頁，長沙：嶽麓書社，2006年。
〔註157〕按：參見李雲泉：《萬邦來朝：朝貢制度史論》，第101頁，北京：新華出版社，2014年。
〔註158〕《洪武實錄》卷132。
〔註159〕《洪武實錄》卷196。
〔註160〕《洪武實錄》卷232。
〔註161〕（明）徐圖：《行人司書目敘》，《己卯叢編》本。
〔註162〕王欣夫：《行人司重刻書目跋》，《行人司重刻書目》文末，《己卯叢編》本。
〔註163〕（明）賀燦然：《行人司重刻書目序》，《己卯叢編》本。

不歸都不可知。故與諸君子商之，匯分為目，付之殺青」〔註164〕。為與舊目區分，故將新編之目命名《行人司重刻書目》。

《行人司重刻書目》的現存版本有三：

（一）明萬曆三十年（1602）徐圖刻本。臺圖。

（二）吳興沈氏儀黃精舍抄本。一冊。國圖。

（三）1939年王欣夫排印本。一冊，《己卯叢編》之一。國圖，中科院，北大，上海，復旦，天津，遼寧，甘肅，南京，湖北，四川。《宋元明清書目題跋叢刊》據以影印。

三、《行人司重刻書目》的編纂體例與分類特色

《己卯叢編》本《行人司書目》為半頁十二行，行三十二字，四周雙邊，白口，單魚尾，版心下有「己卯叢編」字樣，後有王欣夫跋。其底本借自瞿鳳起，前有賀燦然《行人司重刻書目序》、徐圖《行人司書目敘》，末有任宏道《行人司書目跋》、吳中偉《行人司書目跋》。正文分典、經、史、子、文、雜6部著錄書籍1515種〔註165〕。該目只著錄書名、本數，偶記套數、部數。

《行人司重刻書目》的類目設置及各類數量詳見下表：

部　類	二級類目	
典部 190	典故類〔註166〕	
經部 256	經類、說經類、儒學類	
史部 373	正史、稗史、雜史、著類 107	
	奏議類 6	
	地理類 260	
子部 68	諸子類 36	
	道類 9	
	釋類 10	
	兵家類 13	
文部 552	類書類 35	

〔註164〕（明）徐圖：《行人司書目敘》，《己卯叢編》本。

〔註165〕按：「典故類」中缺36行。

〔註166〕按：後缺36行。

部　類	二級類目	
	古文類 59	
	古文集類 35	
	國朝文集類 230	
	古詩集類 58	
	國朝詩集類 135	
雜部 76	書畫類、方技類	
6 部	22 類 1515 種	總　計

　　《行人司重刻書目》的二級類目設置比較特殊。該目於六部之內分 16 小部，而實際設立的二級類目爲 22 類。其中「典部」、「經部」、「史部一」、「雜部」4 小部皆於部名之下羅列該部全部類目名，而正文之中不再分類歸置。其餘 12 小部則各收 1 類。

　　該目首設「典部」，著錄明代律典、各衙門職掌、明代諸史及名臣奏議、郡縣邊鎭諸圖志等多達 190 種。「舉典部所藏書，務通其條貫而挈其綱領。令它日薄效一官，以至肩鴻任巨。其經綸擘畫若按諸掌也」〔註 167〕，凸顯了行人司的政治屬性。此外，該目於史部又設「奏議類」，著錄前代奏議 6 種。將「儒家類」歸於經部而非子部，顯示出對宋明理學的推崇。將集部稱「文部」，中有「類書類」。又設「雜部」，歸置「書畫」、「方技」2 類，其中的「方技」類大多爲醫書。

　　除單設「典部」著錄明代典制外，《行人司重刻書目》又單設「國朝文集類」、「國朝詩集類」2 種收錄明代詩文集 365 種，數量十分可觀（按：《明史》收錄明人詩文集不到 1200 種）。

　　此外，《行人司重刻書目》「地理類」所收 260 種除個別山志、名勝志外，絕大多爲各地地志，數量亦極爲可觀（按：《明史》收錄地理書不過 471 種）。行人司的職務即是奉旨行使各地，這一職務特徵爲搜集方志提供了便利。

　　《行人司重刻書目》在文獻保存方面具有較爲重要的價値。該目的「國朝文集類」有《升菴先生集》，稱「一套，二十八本」，或爲完整的楊愼的著述全集。雖其不載卷數，更無細目，傳達的信息有限，但這條記載仍是關於楊愼著述全貌的唯一記錄，對考證楊愼著述而言具有無可替代的重要意義。其中又有

〔註 167〕（明）賀燦然：《行人司重刻書目序》，《行人司重刻書目》卷首，《己卯叢編》本。

《匏菴家藏集》一種，為吳寬著述合集，「云《家藏》者，謙也」〔註168〕。王
欣夫稱該書之中「罕秘不傳之本往往而有」〔註169〕，若對該目細析究竟，當可
得到更多的學術信息。

〔註168〕（明）王鏊：《匏菴家藏集序》，《王鏊集》，第 216 頁，上海：上海古籍出版
　　　　社，2013 年。
〔註169〕王欣夫：《行人司重刻書目跋》，《行人司重刻書目》文末，《己卯叢編》本。

第二章 明代的私藏書目（上）

　　明代私家藏書蔚然成風，藏書目錄亦浩若煙海。張雷、李豔秋《明代私家藏書目錄考略》一文列舉了明代私人藏書目 133 種〔註1〕，王國強《明代目錄學研究》則列有 150 種〔註2〕，數量可觀。

　　明代的私家藏書目錄不僅數量眾多，且著錄內容廣泛，著錄體例靈活多樣。其中多有突破前代舊制的束縛、結合時代與藏書的特點進行類目創新者。這些創新往往成爲後世書目編纂的定例，推動了目錄學的完善與發展。明代私家藏書目錄是明代書目最重要的組成部分，也是最能體現明代目錄學特色與成就的所在。

　　遺憾的是，明代私藏書目雖數量甚富，然多亡佚不存。存世部分亦多有未爲世人瞭解者。基於此，本文選取了存世的明代私家書目 12 種展開探討。此 12 種分別爲《吳文定公藏書目》、《蒲汀李先生家藏書目》、《晁氏寶文堂書目》、《趙定宇書目》、《百川書志》、《江陰李氏得月樓書目》、《脈望館藏書目》、《澹生堂藏書目》、《世善堂書目》、《徐氏家藏書目》、《萬卷堂書目》與《笠澤堂書目》。這些書目體例相對完善且各具特色，對其展開研究，可大致考見明代私家藏書目錄的整體面貌。由於數量較多，故分兩章展開探討。

第一節　吳寬《吳文定公藏書目》

　　《吳文定公藏書目》存世本較少，流通不廣，其學術價值尚未引起學界的重視，目前而言並無相關研究成果問世。

〔註1〕 張雷、李豔秋：《明代私家藏書目錄考略》，《書目季刊》第三十三卷第一期，第 29 頁。

〔註2〕 王國強：《明代目錄學研究》，第 93 頁，鄭州：中州古籍出版社，2000 年。

　　《吳文定公藏書目》是明代著名學者、藏書家吳寬自撰的家藏書目。該目著錄了完整的唐、宋《實錄》及大量珍密書籍，分類亦井然有序，在目錄學史、尤其明代目錄學史上自有其重要地位，不應被世人遺忘。本文以復旦藏《千墨菴叢書》（按：又名《千墨齋精抄七家書目》）本《吳文定公藏書目》為研究對象，從版本、著錄情況、分類體例、學術價值等方面對該目進行了初步的目錄學研究，望能給予該書應有的評價，以供學界參考。

一、《吳文定公藏書目》的作者吳寬

　　吳寬（1435～1504），字原博，號匏庵，長洲人。寬少為諸生時以文行稱，曾欲盡讀經史，甚至一度放棄科舉。成化八年（1472）進士，會試、廷試皆第一，授修撰，官至禮部尚書，卒諡文定，有著作《匏庵家藏集》、《書經正蒙》，書法作品《種竹詩卷》、《題趙孟頫重江疊嶂圖詩》、《為唐寅求請札》等傳世。《明史》贊其「行履高潔」、「自守以正」，「於書無不讀，詩文有典則，兼工書法」〔註3〕。《明詩評》贊其「力掃浮靡，一歸雅淡，詩如楊柳受風，煦然不冽；又如學究論天下事，亹亹竟日，本色自露」〔註4〕。

　　吳寬與沈周、文徵明、屠龍、王鏊等著名文士頗有交遊，對都穆更有宗主之誼、舉薦之恩。都穆曾於吳寬家設館，深為吳寬欣賞。後巡撫求訪遺才，「吳文定公首舉都（穆）」〔註5〕。都穆亦以師稱吳。

二、《吳文定公藏書目》的版本

　　吳寬善藏書，家富縹緗，編有書目存世。《虞山錢遵王藏書目錄彙編》著錄其家藏書目：

　　　　《吳文定家藏書目》一卷。

　　　　　述書目。吳文定藏書目錄。一卷，抄。〔註6〕

《舊山樓書目》：

　　　　《吳文定公藏書目》，抄。〔註7〕

〔註3〕（清）張廷玉：《明史》，第3251頁，北京：中華書局，1974年。
〔註4〕（明）王世貞：《明詩評》卷三《吳文定寬》。
〔註5〕（明）俞弁：《山樵暇語》卷九，《四庫全書存目叢書·子部》第152冊，第67頁。
〔註6〕（清）錢曾著，瞿鳳起編：《虞山錢遵王藏書目錄彙編》，第111頁。

《也是園藏書目》：

　　　　《吳文定家藏書目》一卷。〔註8〕

張雷，李豔秋《明代私家藏書目錄考略》一文著錄有《吳文定藏書目錄》、
《叢書堂書目》、《吳匏庵書目》、《吳匏庵手錄家藏書目》四種。該文稱《吳
匏庵手錄家藏書目》見著於《佳趣堂書目》，「《書目長編》據徐鴻寶語云：
『此乃匏翁所抄《文獻通考・經籍考》，非其藏書也。』」〔註9〕《吳文定藏
書目錄》見著於《持靜齋書目》，為《千墨菴叢書七種》之一。《叢書堂書
目》見著於《千頃堂書目》〔註10〕、（乾隆）《蘇州府志・藝文志》〔註11〕
及《上善堂書目》〔註12〕。《吳匏庵書目》見著於《絳雲樓書目》。查《絳
雲樓書目》著錄的吳寬藏書目實有二種，一為《吳匏翁書目》一為《吳文
公藏書目》〔註13〕。錢謙益稱吳寬藏書「多手抄。有自署禮部東廂書者，
蓋六十以後筆也」〔註14〕。

　　王國強《明代目錄學研究》一書著錄《叢書堂書目》，稱已亡佚。且認為
《匏庵書目》、《吳文定公藏書目》即為《叢書堂書目》之別名〔註15〕。

　　晚清豐順丁氏《持靜齋書目》著錄有《千墨齋匯抄七家書目》八冊，內
有《吳文定公藏書目錄》一冊：

　　　　《千墨齋匯抄七家書目》八冊。

　　　　　精抄本。末署「嘉慶丙子吳門趙光照手錄」，汪士鍾曾藏。有「三
　　　　十五峰園主人」、「茂苑」、「厚齋」、「汪氏家藏」等印。「七家」者，……
　　　　一《吳文定公藏書目錄》一冊，記明吳寬所藏書籍，不題撰書人名

〔註7〕　（清）趙宗建：《舊山樓書目》，第66頁，上海：上海古籍出版社，1957年。
〔註8〕　（清）錢曾：《也是園藏書目》卷三《總目》，《玉簡齋叢書》本。
〔註9〕　張雷、李豔秋：《明代私家藏書目錄考略》，《書目季刊》第33卷第1期，第
　　　　30頁。
〔註10〕　按：《千頃堂書目》著錄為「吳匏庵《叢書堂書目》，一卷」，《千頃堂書目》，
　　　　第294頁，清文淵閣《四庫全書》本。
〔註11〕　按：（乾隆）《蘇州府志・藝文志》著錄為「吳寬《叢書堂書目》，一卷」，（乾
　　　　隆）《蘇州府志》卷七十六。
〔註12〕　按：《上善堂書目》著錄為「舊抄《叢書堂書目》，二本」，參見孫從添《上善
　　　　堂宋元板精抄舊抄書目》第22頁，1922年海寧陳乃乾傳抄嘉興劉承乾嘉業堂
　　　　藏本。
〔註13〕　（清）錢謙益：《絳雲樓書目》卷一，清嘉慶抄本。
〔註14〕　（清）錢謙益：《列朝詩集》丙集卷六，清順治九年（1652）毛氏汲古閣刻本。
〔註15〕　王國強：《明代目錄學研究》，第97頁，鄭州：中州古籍出版社，2000年。

姓及刊本異同。……〔註16〕

《千墨菴叢書》七種，清人趙光照輯。稿本現存於復旦大學圖書館，名《千墨齋精抄七家書目》，版心標注「千墨菴叢書」字樣。香港傅斯年圖書館藏清抄本，臺灣中央研究院史語所藏舊抄本。

復旦藏《千墨菴叢書》本吳寬書目題名《吳文定公藏書目》，當是後人抄錄吳氏書目時自擬。該本為半頁九行，版心標注頁碼及「千墨菴叢書」五字。前有印章七枚，分別為「汪文琛印」、「汪士鍾印」、「三十五峰園主」、「又字閬原」、「況周頤印」、「夔笙」以及「復旦大學圖書館藏」，當為汪氏父子與況周頤遞藏，後歸復旦。末有萬曆己未（1619）熊維寬抄藏嘉靖己亥（1539）陸師道跋文，全文如下：

> 右書目一冊，休承所藏收，大學士文定公匏菴吳先生手筆。其間所載古今大典子集名家如《杜氏春秋傳》，不詳其姓氏，而《管》、《晏》等書皆不之見，疑是收藏家所錄。然每門之首又詳載前史書目，何也？要是，公隨以見聞纂輯，收有未備耶？既手抄而重裝之，且書此以質於休承。嘉靖己亥蠟（臘）月十有三日陸師道書。萬曆己未孟夏豫章熊維寬抄藏。

文中所稱休承者，為文徵明次子文嘉，字休承，號文水，能鑒古，工山水花卉，刻印為明代之冠。《明畫錄》贊其「所作山水，清遠逸趣，得雲林佳境，合處直逼其父」〔註17〕。《無聲詩史》稱其「畫法倪雲林，雖著色山水，殊有幽澹之致。間仿黃鶴山樵，皴染清脫，墨氣秀潤，真士流之作」〔註18〕。文嘉與吳寬同為長洲人，其父文徵明26歲時曾從吳寬遊，時「寬居繼母優於家，喜甚，悉以古文法授之，且為延譽於公卿間」〔註19〕，待之甚厚。由此看來，吳寬逝後其家藏書目手稿歸於文氏則甚合情理。陸師道因該目對古今重要典籍多有漏載，且所載錄者不詳於解題而疑其為「收藏家所錄」，然又惑於其於每門之首詳載前史書目，故稱該書乃吳寬「隨以見聞纂輯，收有未備」者。

三、《吳文定公藏書目》的編纂體例

〔註16〕（清）丁日昌：《持靜齋書目》，第46頁，上海：上海古籍出版社，2008年。
〔註17〕（清）徐沁：《明畫錄》，第40頁，上海：華東師範大學出版社，2009年。
〔註18〕（清）姜紹書：《無聲詩史》，第28頁，上海：上海古籍出版社，1996年。
〔註19〕周道振校輯：《文徵明年譜》卷一，上海：百家出版社，1998年。

　　《吳文定公藏書目》不分卷，依經、史、子三部次序排列，分33類，著
錄書籍1868種〔註20〕。該目著錄書名、卷數、作者及附錄，無大小序，間或
著錄書籍的成書年代、作者（按：姓名、字號、職務、籍貫等）、著作形式（按：
撰、編、集、錄、修等）、存佚完缺情況等相關信息。如：

　　　經・易

　　　《易舉正》三卷。唐蘇州司戶郭京撰。

　　　經・論語孟子

　　　《唐志》三十家三十七部三百二十七卷。失名姓三家，韓愈以
　　下不著錄二家。十二卷。

　　《吳文定公藏書目》的具體類目設置與各類著錄數量詳見下表：

部　類	二級類目	
經部14類756種	易107	
	書72	
	詩39	
	禮68	
	春秋105	
	論語孟子76	
	孝經21	
	經經解15	
	經43〔註21〕	
	經樂33	
	（按：未標注類目名，依該類所著錄書籍的內容看，當為「禮」類）23	
經部14類756種	儀注34	
	讖緯11	
	經小學109	
史部17類1018種	正史33	
	編年58	

〔註20〕按：該目的類目設置及各類的著錄情況參見《附錄》。
〔註21〕按：此類所著錄的書籍為等，依內容看亦為「樂」，當與下一類目「樂」為一
　　　　類。

—77—

部　類	二級類目	
	起居注 55	
	雜史 7	
	雜傳 8	
	霸史偽史 5	
	史抄 28	
	傳記 288	
	霸史偽史 63	
	史評史抄 48	
	故事 67	
	職官 70	
	刑法 25	
	地理 192	
	時令 15	
	譜牒 19	
	目錄 32	
子部 2 類 94 種	儒家 91	
	道家 3	
33 類	1868 種	總　計

四、《吳文定公藏書目》的特色

（一）《吳文定公藏書目》重複設置類目的問題

　　《吳文定公藏書目》設有「史抄」類，又有「史評史抄」類。其中，「史抄」類著錄前史書目與上古至唐代史抄類著作 28 種，「史評史抄」類著錄唐宋史抄類著作共 48 種。從內容上看，二類應合為一類。今分兩處，或為編成之後補錄之故。

（二）《吳文定公藏書目》對合併著錄法的運用

　　《吳文定公藏書目》在著錄書籍時往往將同一作者的作品歸於一處。在著錄作者姓名時，或在首本後著錄，餘者以「同前」、「同上」的字樣代替：

　　　　經‧詩

　　　　《毛詩指說》。成伯璵撰。

《毛詩斷章》。同上。

或在末本後以「並」字標示：

> 經‧春秋
>
> 《左傳類編》六卷。《左氏博議》二十卷。《左氏說》三十卷。
> 並呂東萊撰。
>
> 經‧論語孟子
>
> 《論語集義》三十四卷。朱晦庵撰。
>
> 《論語集注》十卷。《論語或問》十卷。並仝前。

（三）《吳文定公藏書目》中的特殊著錄格式

　　《吳文定公藏書目》的著錄體例較爲統一，但亦有其不規範之處。例如
該目自地理類「道雲南錄三」至儒家類這一部分在著錄時皆省去了「卷」字，
與前後文體例不同：

> 地理類
>
> 《道雲南錄》三。
>
> 《契丹疆宇圖》一。

這種突然失載計量單位的做法令人愕然，不知其所指當爲卷數，抑或本、部、
冊、套等，給讀者造成了一定的考據障礙。

　　此外，該目的著錄格式一般爲先著錄類名，類名之後著錄前史所載該類
書目，之後再著錄該類所收之書〔註22〕：

> 經‧書
>
> 《漢志》凡《書》九家，四百一十二篇
>
> ……
>
> 宋《中興志》四十二家，五十一部七百一十六卷
> （按：以上爲前史所載該目書目，以下爲該類所收書目）
>
> 《尚書大傳》三卷
>
> 牟長《章句》

但「正史」、「編年」、「起居注」、「霸史僞史」四類著錄格式與其他類目不同。
其中，「正史」、「編年」、「起居注」三類前後相連，先著錄三類類名與前史書

─────────────────────

〔註22〕按：「易」、「傳記」類未載前史書目。

目，之後著錄「正史」、「編年」兩類所收書目，於每類之末標注「右正史」、
「右編年」，之後再次著錄「起居注」這一類名以及該類所收書目：

　　　　史・正史

　　　　《漢志》九家，四百一十一篇

　　　　……

　　　　宋《中興志》三十九家，四十二部二千八百七十七部

　　　　編年

　　　　《隋志》三十四部六百六十六卷

　　　　……

　　　　宋《中興志》七十一家，八十七部二千四百九十一卷

　　　　起居注

　　　　《隋志》四十四部一千一百八十九卷

　　　　……

　　　　宋《中興志》七部四千三百一十二卷

按：此下著錄正史類所收書，前無標識

　　　　《史記》一百三十卷

　　　　……

　　　　《四朝國史》二百五十卷　　右正史

　　　　《漢紀》三十卷

　　　　……

　　　　《歷代帝王纂要譜括》二卷　　右編年

　　　　起居注

　　　　《穆天子傳》六卷

　　　　……

　　　　《中興綸言集》二十八卷

「霸史僞史」類的著錄方式大致同前三者，於「雜傳」類所收之書後，著錄
「霸史僞史」這一類名與前史所收該類書籍，其後爲「史抄」、「傳記」二類，
之後再次著錄「霸史僞史」類名與該類所收書籍：

霸史僞史

《隋志》三十七部三百三十五卷

……

宋《中興志》四十家，四十三部四百三十七卷

史抄

宋《三朝志》二十六部六百一十二卷

……

《河洛春秋》二卷

傳記

《國史補》二卷

……

《使燕錄》一卷

霸史僞史

《華陽國志》十二卷

……

《諸蕃志》二卷

這種著錄內容混雜的情況當與前文所指重複設類之事一致，皆爲補錄之失。

五、《吳文定公藏書目》的學術價值

　　《吳文定公藏書目》爲早期的明代私人藏書目錄。吳寬是著名的政治家、學問家，其家藏書目於編纂上對吳寬的政治身份與學術思想皆有較爲明顯的反映。

　　《吳文定公藏書目》中設有「起居注」一類，著錄 55 種。該類雖以「起居注」命名，而實際著錄的多爲唐、五代及宋各代的《實錄》〔註23〕。自《唐高祖實錄》始，至《宋孝宗實錄》止，中幾無遺漏。明代各家公私藏書目中，除焦竑《國史經籍志》外〔註24〕，唯有陳第《世善堂書目》載錄有明代之前

〔註23〕按：《脈望館藏書目》亦採用了以「起居注」爲名設類、而實際著錄《實錄》的做法，著錄明代《實錄》、詔令等 24 種。

〔註24〕按：焦竑《國史經籍志》設「起居注」類，著錄起居注 44 種、實錄 61 種、時政記 29 種，甚爲詳備。然該目所載非僅爲明代存世之書，故其文獻價值尚待商榷。

的歷代《實錄》10 種，其餘各家書目幾乎未見載錄前代《實錄》。論載錄之詳備，更無出《吳文定公藏書目》其右者。

實錄之外，該部分又收錄有《穆天子傳》及漢、宋、元、明各代《詔令》、《制草》等史料。而眞正意義上的《起居注》僅有《唐創業起居注》五卷一種。可見在明成化年間，歷代起居注亦少見存世。

漢代之後，歷代帝王幾乎皆有專人爲撰起居注以記言行，即班固所謂《春秋》、《尙書》之論。因記載直接、細緻，內容涉及廣泛，起居注向來被認爲是研究歷史較爲可靠的一手資料。然而，因記載內容具有較高的政治敏感性，起居注往往僅作爲修史資料使用，秘不外傳，故而留存於世者極少。清代之前的歷代起居注中，唯明神宗《萬曆起居注》有抄本若干種存世，保留了大部分內容。其他存世較爲完整者或僅有唐初溫大雅執筆的《大唐創業起居注》一種。該書記載李淵自隋末起兵至稱帝建唐之間 357 天的史實，敘述較爲眞實、公正，參考價值很高。

《唐創業起居注》問世之後，最早當見載於五代劉昫《舊唐書》，稱「《大唐創業起居注》三卷，溫大雅撰」〔註 25〕。其後，宋晁公武《郡齋讀書志》著錄「《大唐創業起居注》三卷，右唐溫大雅」〔註 26〕。陳振孫《直齋書錄解題》稱「《唐創業起居注》五卷」〔註 27〕。尤袤《遂初堂書目》、鄭樵《通志·藝文略》、元馬端臨《文獻通考·經籍考》、脫脫《宋史·藝文志》等皆著錄此書，或稱五卷，或稱三卷，當爲版本不一。明正統間的《文淵閣書目》未收錄該書，則成化間的《吳文定公藏書目》當爲明代各家書目中最早收錄者。其後，陳第《世善堂書目》、焦竑《國史經籍志》、祁承㸁《澹生堂藏書目》皆著錄三卷本。而《吳文定公藏書目》的記載或爲《唐創業起居注》五卷本見載於明代著述中的唯一線索。

起居注與實錄之外，《吳文定公藏書目》又設「故事」、「職官」、「刑法」3 類，共收錄政書 162 種。中國古代職官類書籍今存世較少。該目「職官」類著錄《漢官儀》、《元和百司舉要》、《百官公卿表》等 70 種，中多有罕見流傳之書。如「《國朝輔相年表》一卷《續》一卷」者，於此目之外僅見載於元馬端臨《文獻通考·經籍考》。《續史館故事》一書，宋明之後即不見著錄。李

〔註 25〕　（五代）劉昫：《舊唐書》卷四十六《志第二十六》，清乾隆武英殿刻本。
〔註 26〕　（宋）晁公武：《郡齋讀書志》卷第二，《四部叢刊三編》影宋淳祐本。
〔註 27〕　（宋）陳振孫：《直齋書錄解題》卷四，清武英殿聚珍版叢書本。

宗諤《翰苑雜記》一書，明代亦僅見於《吳文定公藏書目》的著錄，流傳甚少。《吳文定公藏書目》保存了這些罕見書籍的存世線索，是珍貴的文化遺產。

吳寬曾任編修，後官至禮部尚書，政治身份為其收藏起居注、實錄、詔令、政書等史料提供了一定的便捷。吳寬不僅重視收藏這些史料，更於家藏書目中專門設類著錄，體現出較高的史學意識。

明初即提倡纂修方志。明代諸家書目中多有大量收錄地志類書籍的情況。《吳文定公藏書目》專設「地理」一類，著錄地理書、志書等 192 種。吳寬活動於成化年間，則這些方志多為某地志書較早的版本，可與《文淵閣書目》地志部分互為補充，為研究方志提供史料線索。

《吳文定公藏書目》設「目錄」類，著錄唐宋書籍總目、個人著作目、書畫目、金石目等共 32 種，可與唐宋各家藝文志互為參照，同時，也為研究歷代書目的流傳、演變提供了可資參考的文獻。

例如，該類著錄有《寶墨待訪錄》二卷。據米芾《寶晉山林集拾遺》所載，該書本名《寶章待訪集》〔註28〕，《宋史》亦作《寶章待訪集》〔註29〕。《直齋書錄解題》誤錄為《寶墨待訪錄》〔註30〕。該書前序內有「因作《寶章待訪》，錄以俟訪圖書使焉」之語，後《四庫全書總目》等訛作《寶章待訪錄》〔註31〕。《吳文定公藏書目》稱該書為《寶墨待訪錄》，當是沿襲陳《志》之誤。再者，該類有《三代史目》一書，或為對殷仲茂《十三代史目》的誤記〔註32〕。其《藏六堂書目》即為葉德輝所稱「《莆田李氏藏六堂書目》」〔註33〕。而關於「《龍圖閣瑞物寶目》」、「《六閣書籍圖畫目》」的記載，宋陳振孫《直齋書錄解題》與元馬端臨《文獻通考・經籍考》後，當僅見於《吳文定公藏書目》的著錄。

此外，《吳文定公藏書目》「傳記」類著錄有「《夾漈家傳》一卷。所著書

〔註28〕　（北宋）米芾：《寶晉山林集拾遺目錄》，第 10 頁，北京圖書館古籍出版編輯組編，《北京圖書館古籍珍本叢刊・89》，北京：書目文獻出版社，1990 年。

〔註29〕　（元）脫脫等：《宋史》，第 3166 頁，北京：中華書局，1974 年。

〔註30〕　（南宋）陳振孫：《直齋書錄解題》，第 233 頁，上海：上海古籍出版社，1987年。

〔註31〕　（清）永瑢：《四庫全書總目》，第 958 頁，北京：中華書局，1965 年。

〔註32〕　按：錢大昕稱「晁氏《讀書志》作殷仲茂，蓋《宋史》避諱，改『殷』為『商』。參見《十駕齋養新錄》卷第六《十三史十史》，《錢大昕全集》，南京：江蘇古籍出版社，1997 年。

〔註33〕　葉德輝：《書林清話》卷一，民國《郋園先生全書》本。

目附」，則知鄭樵著述目錄曾以附錄的形式存世。而「目錄」類則著錄「《夾漈書目》一卷《圖書志》一卷」，與元馬端臨《文獻通考・經籍考》的著錄一致，則又提供了鄭樵著述目錄單行本的線索。

吳寬是以學者而非收藏家的身份編纂家藏書目的。這點可以通過《吳文定公藏書目》的三大著錄特點得到證明。其一，該目於各類之首盡列前史書目，具有通記古今的意義，學術視野堪稱宏觀。其二，吳寬藏書偏重對經、史類書籍的收錄。《吳文定公藏書目》的經、史兩部共分 31 類，著錄書籍 1774 種；其子部僅有 2 類 94 種，其中 91 種爲儒家類，其餘諸子作品僅收錄了道家 3 種。其三，吳寬作爲著名的學者、文學家、書法家、收藏家，其自撰的家藏書目卻不收錄書法、譜帖等集部文獻，亦不收錄明代人的作品，實爲一部具有明確學術傾向的藏書目錄。《吳文定公藏書目》偏重經史的學術特性在明代的書目、尤其是私家藏書目錄中是十分罕見的，具有鮮明的個人色彩。

作爲吳寬的家藏書目，《吳文定公藏書目》最根本的編纂目的是登錄吳寬的家藏書籍，僅因其有所未載、著錄未全便稱其爲「收藏家所錄」的做法有失公允。然而不可否定的是，《吳文定公藏書目》的確疏於解題，且其著錄格式不盡規範，分類體例上也有值得商榷的地方。稱該目爲吳寬「隨以見聞纂輯，收有未備」的說法較爲中肯。這種隨書登錄、間或著錄相關信息的編纂體例也是明代書目編纂中較爲普遍的特徵之一。

《吳文定公藏書目》問世年代與《文淵閣書目》相去不遠，而其著錄之書多有《文淵閣書目》未備如歷代實錄者。二目互爲補充，可爲考證明代前期書籍的流傳存世情況提供更爲豐富的線索。

第二節　李廷相《濮陽蒲汀李先生家藏書目》

一、《濮陽蒲汀李先生家藏書目》的作者與版本

李廷相，字夢弼，濮州人，弘治十五年（1502）進士，官至戶部尚書，諡文敏。李開先有《戶部尚書蒲汀李公廷相傳》，詳記李廷相生平：

> 公自號蒲汀，友字之曰夢弼。父命其名曰廷相，姓李氏，乃文定
> 公之裔世，山東濮州人。……父瓚曾取中進士第三名，因讓會元陳瀾

移置二甲，而公乃補之，……母一品夫人趙氏，以成化辛丑五月二十二日生公。穎異秀拔，其天性也；該博貫通，則其學力爾。初遊順天府庠，歲試屢冠多士。年二十一，舉弘治辛酉鄉試第六，次年授翰林院編修，簡入內書堂教書。……在史館十八年，……日惟求世務，刑名錢穀皆所不遺。五典文衡，其得士最盛。嘉靖乙酉升南吏部左侍郎，戊子引疾，辛卯詔起之。壬辰值父母連喪，服闋，改兵部左侍郎。知武舉未幾，升本部左，改禮部，亦左，充經筵日講官。

　　丁酉升戶部尚書，總督倉場，兼提督西苑農事。人止知公以老侍從，長於文學，而不知尤長於政理。倉務百凡有條而一無所失，史畏之，官服之，奏舉漕運倉場，利弊八事，多見之行。戊戌以廷推，專總部事，兼翰林院學士。……辛謚文敏〔註34〕。

又《李中麓閒居集》：

　　早歲中龍頭，忤時蹈虎犀。文辭追古雅，才識真雄偉。

　　李蒲汀廷相，山東濮州人。探花，戶部尚書。贈太子太保，謚文敏。〔註35〕

于慎行《國朝獻徵錄》有《李公墓表》，趙統《驪山集》有《代祭李蒲汀尚書文》，《崔東洲集》有《祭蒲汀文敏公文》，皆可參考。

　　李廷相著述今見載各家者，有《千頃堂書目》「別集類」所載《南銓稿》二卷、《聯句》一卷，今已亡佚。另有毛憲《南行錄引》所稱「《南行錄》者，今少宰蒲汀李先生所著」〔註36〕。《濮陽蒲汀李先生家藏書目》中亦載《雙檜堂詩》一種，為抄本四本，或為李廷相詩集。（光緒）《永嘉縣志》載宋時永嘉城內有雙檜堂，林景熙有《為魯聖可行可賦雙檜堂詩》，然僅一首，當不為此〔註37〕。

　　李廷相設雙檜堂以儲藏書。葉昌熾《藏書紀事詩》稱「完好如新雙檜本，鬼神在在為擡呵」〔註38〕，贊其藏書盛況。李廷相藏書見載於《天祿琳琅前

〔註34〕　（明）李開先：《戶部尚書蒲汀李公廷相傳》，《國朝獻徵錄》卷29《戶部二‧尚書二》引，臺灣：學生書局，1984年。

〔註35〕　（明）李開先：《李中麓閒居集》卷四《詩》，明刻本。

〔註36〕　（明）毛憲：《古庵毛先生文集》卷四，明嘉靖四十一年（1562）毛欣刻本。

〔註37〕　按：參見（光緒）《永嘉縣志》卷之二十一《古蹟志一》，杭州：杭州古籍出版社，1963年。

〔註38〕　（清）葉昌熾：《藏書紀事詩》，第131頁，北京：北京燕山出版社，2008年。

編》者有《新刊詁訓唐昌黎先生集》、《歐陽文忠公文集》，見載於《天祿琳琅續編》者有《松雪齋文集》（內有「濮陽李廷相書畫記」印），見載於《楹書隅錄》者有元刊《王狀元集注東坡詩》（每冊有「濮陽李廷相雙檜堂書畫私印」），皆為精槧之本。其書畫印有「松橋碧山道人」、「洗心書舍」、「太保尚書之嗣」、「濮陽李廷相雙檜堂書畫私印」、「濮陽李廷相家圖籍印」、「濮陽李廷相書屋記」等。

袁同禮《明代私家藏書概略》稱濮州李廷相有《雙檜堂書目》，該目或不存世。《千頃堂書目》、《國史經籍志》皆載《李蒲汀家藏書目》二卷。王重民先生據該目《玉簡齋叢書》本題名「李先生家藏」推測其非李蒲汀手自編定者〔註39〕。此外，據作者考證，《濮陽蒲汀李先生家藏書目》中有兩處稱「欠一本」〔註40〕、一處稱為新增入之書〔註41〕。則可推斷稱《濮陽蒲汀李先生家藏書目》者或為李廷相後人增補而成，其增補之底本即或李廷相手編之《雙檜堂書目》。

《濮陽蒲汀李先生家藏書目》的現存版本有二：
（一）宋犖漫堂刊本。一卷，一冊，臺灣中央研究院史語所。
（二）清宣統二年（1910）上虞羅氏刻商丘宋氏藏舊抄本，半頁十三行，一
　　　卷，《玉簡齋叢書》之一。國圖，中科院，北大，上海，復旦，天津，
　　　遼寧，甘肅，南京，浙江，湖北，四川。《宋元明清書目題跋叢刊》據
　　　以影印。

二、《濮陽蒲汀李先生家藏書目》的編纂體例

《玉簡齋叢書》本《濮陽蒲汀李先生家藏書目》不設部類，而依藏書室與書櫃的位置依次登錄，採取隨收隨置、隨置隨記的方法。該目收書 3 間 14 櫃 1632 種，中有複本並置一處者以「又一部」、「又二本」標識，如「中間朝東‧二櫃一層」著錄「《錦繡萬花谷》。二套，二十九本。又一部。二套，二十二本」等。分置多處者則再次著錄書名。如《史記》一書共著錄十部，散見各櫥。

〔註39〕按：參見王重民：《中國目錄學史料十》。
〔註40〕按：該目「東間朝東‧三櫃一層藥書」載「《古單方》。四本。欠一本。《丹溪心法》。四本。欠一本」。
〔註41〕按：該目「西間朝西‧第三櫃‧二層」載《十三經注疏》。一部。新」。

　　《濮陽蒲汀李先生家藏書目》僅登記書名，間記數量、版本、作者、全缺、增補等。該目著錄書籍數量時，只稱本、部、冊、套數，不計卷數。如：

　　　東間朝東　頭櫃四層

　　《周禮》。二部，十二本。

　　　西間朝西　第三櫃

　　《荔枝譜》。二套，二冊。

藏書室	書　　櫃		總　　計
中間朝西 254	頭櫃	一層 11	
		二層 17	
		三層 26	
		四層 35	
	一櫃	官書一層 12	
		二層 16	
		三層 17	
		四層 11	
中間朝西 254	三櫃	一層 58	
		二層 24	
		三層 16	
		四層 11	
中間朝東 266	頭櫃	一層 26	
		二層 34	
		三層 33	
		四層 19	
	二櫃	一層 13	
		二層 38	
		三層 45	
		四層 13	
	三櫃	一層 17	
		二層 8	
		三層 10	
		四層 10	

藏書室	書　櫃		總　計
東間朝東 638	頭櫃	一層不全舊書 17	
		二層時書 39	
		三層 44	
		四層 40	
	第二櫃	一層 9	
		二層 5	
		三層 5	
		四層 6	
	三櫃	一層藥書 45	
		二層 174	
		三層 188	
		四層 66	
東間 163	南架	一層 43	
		二層 24	
		三層 10	
	北架	一層 10	
		二層 38	
		三層 38	
西間朝西 311	頭櫃	一層 31	
		二層 7	
		三層 22	
	二櫃	一層 36	
		二層 72	
		三層 60	
		四層 8	
	第三櫃	（一層）45	
		二層 30	
3 間	14 櫃	1632	總　計

三、《濮陽蒲汀李先生家藏書目》的特色

（一）《濮陽蒲汀李先生家藏書目》依櫥著錄的編纂方法

　　不記卷數、不設部類、隨書登記等編纂方式凸顯了《濮陽蒲汀李先生家藏書目》的帳簿式特徵，強調的是書目的工具性。王重民先生從書目的學術功用出發，批評其「不分類，更不分子目，同一書的各種版本，隨著書櫃的架層散著在各處，使讀者不能看出藏書的特點，這就表現出登記性目錄不分類、不分子目，是很不好的」〔註42〕。

　　明初的《文淵閣書目》首次在藏書目錄中引進了千字文編號法、依櫥歸置書籍。我們認為，楊士奇等人非為《文淵閣書目》的類目設置者，而僅是歸櫥登記人〔註43〕。與其類似的是，《濮陽蒲汀李先生家藏書目》亦採用了依櫥歸置的藏書、編目法，未設類目。而與《文淵閣書目》不同的是，李廷相為家藏書籍的親自校理、歸櫥、編目者，《濮陽蒲汀李先生家藏書目》中所收書籍的排列次序與歸櫥方法中皆暗含著李廷相的目錄學分類思想。

　　隨書登錄之外，《濮陽蒲汀李先生家藏書目》尚有四處明確標識類目的情況：「中間朝西‧二櫥」第一層為「官書」，「東間朝東‧頭櫥」一層為「不全舊書」，二層為「時書」，「三櫥一層」為「藥書」。由此可見，雖然《濮陽蒲汀李先生家藏書目》整體上依櫥登錄，但李廷相是依照一定的歸類思想將書籍擺櫥的，並非胡亂歸置。

　　此四類中，「官書」部分著錄《大學衍義》、《類對》、《貞觀政要》、《玉篇》、《易傳》等「官定之書」12種。將官書單獨歸置的做法體現出李廷相對中央政權的維護，亦是明代目錄學界的一貫風氣。

　　「不全舊書」部分收錄17種，多為《紀事本末》、《十七史詳節》、《前漢書》、《金史》、《遼史》、《通鑑》等重要史書。亦有大型類書如、叢書如《事文類聚》、《說郛》者。其中《事文類聚》載二種，一種十九本，一種六本，或為兩種不同版本。《證類本草》為宋人唐慎微醫藥專著，該書不入「藥書」類而入「舊書」類，顯然是看重其善本特徵。《濮陽蒲汀李先生家藏書目》成編於弘治、正德間，為明代私家書目中問世較早者。將舊板書單獨設類乃李廷相善本意識的體現，也是明中期以後目錄學家版本意識抬頭的標誌之一。

〔註42〕王重民：《中國目錄學史料十》。
〔註43〕按：參見前文《文淵閣書目‧千字文編號法的影響》部分。

「時書」部分收《六子書》、《天原發微》、《周易本義》、《史通》等應試之書 39 種，將其單獨歸置，具有便於查檢利用的特點。

「藥書」部分收醫藥專著 45 種。明代醫學發達，醫藥著述甚多，亦多為諸家書目收錄。《濮陽蒲汀李先生家藏書目》所載醫書除此 45 種外，亦有散見別處如《證類本草》等若干種。

（二）《濮陽蒲汀李先生家藏書目》對版本的著錄

《濮陽蒲汀李先生家藏書目》當為明代書目中首次著錄版本者，對明代書目著錄體例的完善具有開拓性的意義。該目著錄有宋刻、元刻、抄、巾箱本、批點、舊本、蘇刻、陝西刻、汪家刻、蘇新刻、閩新刻等諸多版本類型，且數量相當可觀。《濮陽蒲汀李先生家藏書目》對版本的著錄客觀反映了弘治、正德間書籍的流通、刊刻情況，具有重要的史料價值。

現將該目中著錄的版本情況略作統計如下：

版　本	書　　籍	種　數
宋刻	通鑒綱目。三套，三十本。	15 種 （內含複本 1 種）
	史記正義。十本。	
	史記。二套。二十二本。	
	韓文。八本。	
	韓文。六本。	
	韓文。十本。	
	事類賦。十本。	
	禮記。一小套。	
	文昌雜錄。四本。	
	七經小傳。三本	
	會昌一品集。五本。	
	古詩。二十八本。	
	論語。一本。	
	續後漢書。宋刻一部，抄一部。共二十本。	
元刻	史記。二十本。	1 種
抄本	海陵周公集。五本。	18 種 （內含複本 2 種）
	梅亭四六標準。十七本。	
	儒學警悟。五本。	

版　本	書　籍	種　數
	乾坤變異錄。二本。	
	南詞。二套。八十五本。	
	皇帝聖旨里集慶路。一本	
	雙檜堂詩。四本。	
	三劉漢書標注。二部。四本。	
	戊子年稿。一本。	
	張恭僖公事集。□本。	
抄本	家居集。一本。	18 種
	館閣書目。一本。	（內含複本 2 種）
	羅昭諫詩集。一本。	
	詩林廣記。十二本。	
	唐諸賢詩。七十四本。	
	續後漢書。宋刻一部，抄一部。共二十本。	
巾箱本	春秋公羊解詁。十本。	1 種
批點本	東坡詩集。王狀元分類，劉須溪批點本。六本。	2 種
	資治通鑒綱目。二十本。	
舊板	左氏博議。四本。	2 種
	左傳。十本。	
蘇刻（王延喆）	史記。二套，二十本。	2 種
陝西刻（秦藩）	史記。二套，二十本。	2 種
汪家刻（汪諒）	史記。三套，三十本。	3 種
蘇新刻	國語。六本。	1 種
閩新刻	禮記經傳。三套，三十本。	7 種
	春秋經傳。八本。	
	書經集注。四本。	
	周易經傳。六本。	
	詩經集注。六本。	

　　經統計可知，《濮陽蒲汀李先生家藏書目》所收宋元舊刻、抄本、名家批點本不僅數量相當可觀，且多爲經史、名賢詩文集等重要書籍，乃是一部藏於面紗之下的善本書目。

　　該目所收宋元舊本多爲《韓文》、《禮記》、《史記》、《論語》、《左傳》等正經、正史、大家文集。抄本則以《羅昭諫詩集》、《唐諸賢詩》等詩文集爲主，兼有《館閣書目》、《漢書標注》等史學著作。其中，《儒學警語》是我國第一部叢書，輯成於宋嘉泰元年（1202），次年付梓。《濮陽蒲汀李先生家藏書目》的記載收錄可爲考證該書在明代的抄傳流變提供重要的線索。

　　此外，《濮陽蒲汀李先生家藏書目》廣泛收錄複本、對各複本的版本、數量等亦予以標注。該目之中「《漢書》有七部，《資治通鑒》五部，《通鑒綱目》六部」〔註44〕。所收《史記》十部中，有宋本兩部、元本一部、蘇刻（王廷喆）、陝刻（秦藩）、汪刻（汪諒）各一部。《說郛》有四部，各部數量不一。將舊板書單獨設類的做法亦爲李廷相善本意識的體現。

四、《濮陽蒲汀李先生家藏書目》的價值

　　《濮陽蒲汀李先生家藏書目》著錄了很多唐宋以來罕見的秘本，可據以考訂書籍流傳情況。王重民《中國目錄學史料十》指出：

> 《經史時務策學提綱總目》、《差谷奇書》應該是當時行世的書，現在已經失傳了。又如《古本太上化胡書》、《涉史隨筆》、《三劉漢書標注》都是宋元時代還在流行的書，在明代當屬罕傳本，現在也已經失傳了。依賴李廷相的這部藏書目錄，還可知道那些圖書流傳的梗概。〔註45〕

《三劉漢書標注》又稱《三劉刊誤》、《三劉漢書刊誤》，爲北宋時劉敞、劉攽、劉奉世三人對《漢書》作的標注，中多辨正發明，學術價值較高，於宋代校勘史上具有重要的地位。《宋史‧藝文志》收錄《三劉漢書標注》六卷本，王先謙《漢書補注》、張元濟《校史隨筆》等亦多次稱引該書內容，皆給予其極高的評價。

　　《三劉漢書標注》成書於宋、流行於宋元，陳振孫《直齋書錄解題》、馬端臨《文獻通考‧經籍考》等皆著錄有六卷本。該書至明代已屬罕見，《文淵閣書目》未載，《濮陽蒲汀李先生家藏書目》之外，僅見載於《晁氏寶文堂書目》，稱「四。欠二冊」，是爲殘本。現存的三劉標注是散見於《漢書》行間的，《標注》的單行本已不存於世。《濮陽蒲汀李先生家藏書目》著錄該書爲

〔註44〕王重民：《中國目錄學史料十》。
〔註45〕王重民：《中國目錄學史料十》。

「二部。四本」，則當爲《三劉標注》的單行本，不包括《漢書》在內。李廷相藏書的價值由此可見一斑。

《續後漢書》有宋蕭常與元郝經兩種。《濮陽蒲汀李先生家藏書目》著錄有宋刻本一部，抄本一部，「共二十本」，則宋刻與抄本或各十本，當爲南宋蕭常所撰者。蕭常《續後漢書》共四十七卷，起劉備章武元年（221），迄劉禪炎興元年（263），爲紀傳體蜀漢史。《四庫全書總目》載錄該書，稱「《陳志·先主傳》稱封涿縣陸城亭侯，而常於《昭烈紀》但雲封陸城侯。《陳志》建安十四年魏延爲都督，而常則云拔魏延爲鎮遠將軍。《裴注》概無此語，不知常何所本。然常之所長，不在考證。殆偶然筆誤，非別有典據也」〔註46〕。余嘉錫轉引李慈銘《桃華聖解庵日記》的記載，辨正稱「蕭氏已於音義首一條已據《漢書·王子侯表》，言之甚明。案《班表》，中山靖王子貞封陞城侯，固無『亭』字，而《地理志》中山國下有陸城縣，則貞之爲亭侯、縣侯，固未可定。蕭氏去之是也。封陸城侯者爲昭烈之先世，《提要》不分析言之，幾似爲昭烈之封矣」〔註47〕。由此可見蕭常《續後漢書》具有較高的學術嚴謹性。

明人王慎中有《寄道原弟書一》一文，認爲李氏藏書不僅內容重要，且版本較好：

> ……李蒲汀家好書甚多，其子若相識，可時與之借錄，不必求好，只以有此書爲貴。……大抵蒲汀家書好者，第一是板好，……宋儒經義及查考制度樂律、水利、兵、刑等項名數之書爲上，文集次之，至於雜家小說又次之。〔註48〕

李氏藏書多精槧善本，且偏重對宋儒經義、典制樂律等重要經史書籍的收藏，頗具學術分量。經史之外，該目亦著錄有《拾遺記》、《續齊諧記》、《夷堅續志》等志怪小說，《楊太眞外傳》、《趙飛燕別傳》等傳奇，《世說新語》、《夢華錄》、《水東日記》、《南村輟耕錄》、《容齋隨筆》等筆記，《山海經》、《新安文獻志》、《使琉球錄》等方志，《錦繡萬花谷》、《冊府元龜》、《太平廣記》、《玉海》、《北堂書抄》等類書，《說郛》等叢書。又有《神僧傳》、《洛陽伽藍記》

〔註46〕　（清）永瑢：《四庫全書總目》卷五十《史部六·別史》，北京：中華書局，1965年。

〔註47〕　余嘉錫：《四庫提要辨正一》，第242頁，長沙：湖南教育出版社，2009年。

〔註48〕　（明）王慎中：《遵巖集》卷二十四《書》，清文淵閣《四庫全書》本。

等宗教著述，但不著錄二家經書。以上種種，體現出李廷相藏書兼容並包的特徵。

《濮陽蒲汀李先生家藏書目》不記卷數，只以本、部相稱。書籍稱「冊」，源自簡編之制。宋元以降，雕版盛行，書籍稱「本」乃成慣例。岳珂《九經三傳沿革例》，乃以書本爲一例。若干本書裝於一函則稱「套」，取「函套」之意。書籍稱「部」者乃種類之屬，一部爲一種。本、部、冊、套的稱呼是針對書籍的實體數量而言的，取決於書賈的裝幀形式而非著作者的謀篇布局。書賈爲便於謀利，往往將同版之書進行拆分整合、甚至置換書名以博銷路之事往往有之，故而難以將本、部、冊等視爲考察版本的依據。《濮陽蒲汀李先生家藏書目》不記卷數的做法乃《文淵閣書目》遺意，雖便於登記查檢，但大大削弱了書目的文獻價值，是編纂者版本意識不足的體現。

第三節　晁瑮《晁氏寶文堂書目》

一、《晁氏寶文堂書目》的編纂者晁瑮父子

《寶文堂書目》所收錄的書目乃是晁瑮與其次子東吳二人的藏書。

晁瑮字君石，別號春陵，慕鑑湖高風，更號鏡湖。開州人，嘉靖辛丑（1541）登進士第，選翰林庶吉士。居翰林二十年，稱詞垣宗匠，著有《鏡湖文集》、《晁氏足徵錄》等。東吳字叔權，晁瑮次子，少年英才。《國史經籍志》有傳，稱其「弱冠登進士，選翰林院庶吉士，讀中秘書。當甲寅，上書稱疾歸，遂以其年多困篤，得年二十三耳」〔註49〕。晁瑮輯錄東吳遺文四卷、墨蹟一卷，名《誠痛錄》。

開州晁氏爲著名藏書世家，出過晁公武這樣的目錄學大家。晁瑮父子皆喜藏書、刻書，今所傳嘉靖刊《法藏碎金錄》，版心上方有「寶文堂」三字者，皆晁氏所刻。晁瑮、東吳父子校刻的四卷本《晁氏三先生集》乃是晁氏先人文集，卷末有「嘉靖甲寅裔孫瑮、東吳重刊」的字樣。

葉昌熾《藏書紀事詩》：

> 晁瑮君石，子東吳叔權。

〔註49〕　（明）焦竑：《國朝獻徵錄》卷二十二《庶吉士晁東吳傳》，臺北：學生書局，1984年。

　　　　昭德先生書滿家，自言梨味不如楂。禮堂翻定童烏本，痛極優

曇頃刻花。

　　　　東吳：瑮次子，弱冠第進士，年二十三卒。其父瑮手錄其遺文，

總四卷，墨蹟一卷，名曰《誠痛錄》。〔註50〕

現在存世的《晁氏寶文堂書目》乃是晁瑮的後人以晁瑮所編的書目初稿為基
礎，對晁氏父子的藏書重新加以清點，並補充了一定數量的新收書籍而成。
證據有以下兩方面：

　　其一，《晁氏寶文堂書目》中著錄了相當一部分晁氏父子身歿之後方才問
世的書目。

　　晁瑮卒於 1560 年，其子東吳過世更早，在 1554 年：

　　　　嘉靖三十三年甲寅（1554），瑮四十八歲，東吳二十三歲。東吳

卒於是年。

　　　　七月二十八日，德龍卒，年七十有八。晁瑮、晁東吳訃告同歸。

東吳多疾，抵鄉甫半月，亦卒。瑮連遭大變，憂鬱成疾。

　　　　嘉靖三十九年庚申（1560），瑮五十四歲，卒。

　　　　四月二十六日，偶感寒疾，數日卒。太學諸生追送潞河之滸，

遮道灑泣，如喪考妣。（據《晁瑮墓誌》）。〔註51〕

據王重民先生考證，《晁氏寶文堂書目》中所著錄之書有不少刻於萬曆二十年
（1592）前後的小說，其中最晚的劉希賢刻本《三遂平妖傳》（子雜類）問世
於萬曆二十九年（1601）。此時距離晁瑮、東吳父子二人過世已有數十年之久，
當是由後人補錄入該書目的〔註52〕。

　　其二，《晁氏寶文堂書目》的著錄格式中，往往在一部書名之下出現「欠」、
「不全」、「完」、「不完」這類備註，如《外戚事鑒》下為「經廠刻，欠下冊」，
《左傳春秋直解》下為「十二欠二本」；《河洛易數》下為「不全」，《六家唐
詩》下為「閩刻不全」；《皇朝類苑》下為「不完」，《通志略》下為「二部完，
一部不完」等等。這些字眼很容易讓我們聯想到《文淵閣書目》與《趙定宇
書目》，此二者亦具有類似的標注完缺的字眼，皆是後人在清點整理過程中備

〔註50〕　（清）葉昌熾：《藏書紀事詩》，第 173 頁，北京：北京燕山出版社，2008 年。
〔註51〕　張劍、王義印：《〈寶文堂書目〉作者晁瑮、晁東吳行年考》，《文史》，2007
　　　　　年第 3 期。
〔註52〕　按：參見王重民：《中國目錄學史料十》。

註而成。「圖志」類《皇明舊陝西志》下有「零冊」二字，具有明顯的清點意味。

李開先曾寫有《寄題晁春陵藏書屋》詩：

> 世史子長名姓芳，雄文巨筆述明昌。牙籤悉付傒奴掌，緗帙頻勞使者將。蝌蚪周書掘冢得，龍蛇禹刻出山藏。讀書莫鑒匡衡壁，自有窗前明月光。〔註53〕

二、《晁氏寶文堂書目》的版本

《晁氏寶文堂書目》有國圖藏明抄本。古典文學出版社 1957 年鉛印本、《中國歷代書目題跋叢刊》、《宋元明清書目題跋叢刊》皆據該本影印。古典文學出版社 1957 年鉛印本將《晁氏寶文堂書目》與《徐氏紅雨樓書目》合刊，《出版說明》稱：「《寶文堂書目》為明末清初諸大藏書家所珍視的書目之一，黃虞稷、曹寅、程晉芳諸家都有藏本，但至今日，北京圖書館所藏的明寫本一部（縮微膠捲），已成為僅有的一箇舊本了。」〔註54〕趙萬里《跋晁氏寶文堂書目》稱：

> 右明抄本《寶文堂分類書目》三卷，明晁瑮撰。瑮字君石，號春陵，開州人，宋太子太傅迥之後。嘉靖辛丑進士，官至國子監司業。其子東吳字叔權，嘉靖癸丑進士，選翰林院庶吉士。父子皆喜藏書，今所傳嘉靖刊《法藏碎金錄》、《具茨集》，版心上方有「寶文堂」三字者，皆見晁氏所刻也。此目以御製諸書冠首，上卷分總經、五經、四書、性理、史、子、文集、詩詞等十二目，中卷分類書、子雜、樂府、四六、經濟、舉業六目，下卷分韻書、政書、兵書、刑書、陰陽、醫書、農圃、藝譜、算法、圖志、年譜、姓氏、佛藏、道藏、法帖等十五目。其中子雜、樂府二門，所收元明話本、小說、雜劇、傳奇至多，為明代書目中所僅見，至可貴也。此本舊為貴池劉氏藏書，有「大明貴池劉氏藏書」、「鎦城鑒藏」二印。城字伯宗，明季諸生，入清不仕，著有《嶧桐集》。萬里記。〔註55〕

〔註53〕（明）李開先：《寄題晁春陵藏書屋》，《李開先年譜》，第 133 頁，濟南：黃河出版社，2002 年。

〔註54〕《晁氏寶文堂書目·出版說明》，上海：古典文學出版社，1957 年。

〔註55〕趙萬里：《跋晁氏寶文堂書目》，《晁氏寶文堂書目》，上海：上海古籍出版社，2005 年。

此外，焦竑《國史經籍志》著錄有《晁氏寶文堂書目》三卷。《萬卷堂書目》著錄有《晁氏寶文堂書目》三卷。曹寅《棟亭書目》著錄有《寶文堂書目》三卷三冊。黃虞稷《千頃堂書目》著錄有《晁氏寶文堂書目》三卷。《明史》著錄有《晁氏寶文堂書目》三卷。莫友芝《邵亭知見傳本書目》著錄《寶文堂分類書目》，三卷。周貞亮、李之鼎《書目舉要》著錄《寶文堂分類書目》三卷。趙萬里《北平圖書館善本書目》著錄《晁氏寶文堂分類書目》明抄本三卷。蕭璋《國立北平圖書館目錄類書目》著錄《晁氏寶文堂書目》明抄本，三卷三冊。

三、《晁氏寶文堂書目》的編纂體例

《晁氏寶文堂書目》不按四部分類，而是獨出心裁地將書目分為上、中、下三部分，分諸經總錄（按：此類之前有御製書 21 種，自《禮制集要》始，至《御製》止）、易、書等 33 類 6948 種〔註56〕。其「性理」一類是對《文淵閣書目》分類傳統的繼承，而其列「四六」、「舉業」、「年譜」幾類、將「樂府」獨立於「詩詞」之外的做法，則為「古錄所未曾及者」〔註57〕。晁瑮對書目類目的調整是明代目錄學家於分類法的創新實驗之一，為書籍分類體系的進一步完善提供了可資參考的依據。該目著錄書名，多記版本、部冊數、印刷用紙、書目全缺情況，間有題記，簡述作者、成書年代等。

《晁氏寶文堂書目》的類目設置與各類數量詳見下表：

卷 次	部 類	數 量	總 計
上卷	諸經總錄〔註58〕	36	12 目 2460 種
	易	59	
	書	30	
	詩經	11	
	春秋	37	
	禮	71	

〔註56〕按：此 6948 種內有多種具有不同版本，如《玉臺新詠》有「一部二本，一部六本有續集」，《韻府群玉》有「元刻一部，監刻一部，弘治刻一部」等，統計時皆按一部算。

〔註57〕姚名達：《中國目錄學史》，第 96 頁，上海：上海古籍出版社，2002 年。

〔註58〕按：此類之前有御製書 21 種，自《禮制集要》始，至《御製》止。

卷　次	部　類	數　量	總　計
	四書	88	
	性理	68	
	史	291	
上卷	子	78	12目2460種
	文集	690	
	詩詞	980	
	類書	140	
	子雜	1346	
中卷	樂府	354	6目2067種
	四六	18	
	經濟	171	
	舉業	38	
	韻書	77	
	政書	51	
	兵書	56	
	刑書	31	
	陰陽	200	
	醫書	289	
	農圃	11	
下卷	藝譜	111	15目2421種
	算法	12	
	圖志	468	
	年譜	54	
	姓氏	9	
	佛藏	540	
	道藏	276	
	法帖	236	
3卷	33目	6948種〔註59〕	總　計

〔註59〕按：此 6948 種內有多種具有不同版本，如《玉臺新詠》有「一部二本，一部六本有續集」，《韻府群玉》有「元刻一部，監刻一部，弘治刻一部」等，統計時皆按一部算。

四、《晁氏寶文堂書目》的著錄特色

（一）著錄了清查書籍的情況

《晁氏寶文堂書目》中保存有晁氏後人多次清查時所記錄的書籍存佚情況。如易類之「《河洛易數》（不全）」，春秋類之「《左傳春秋直解》（十二欠二本）」，四書類之「《四書大全》（不全）」，性理類之「《朱子語類大全》（全）」，史類之「《通鑑綱目書法》（元刻。不全）」等，可藉以考訂古籍的散佚流變。

（二）著錄了重要的版本信息

晁氏父子藏書極富，其中不乏宋槧精刻者。《晁氏寶文堂書目》著錄書名，多記版本、部冊數、印刷用紙、書目全缺情況，間有題記，簡述作者、成書年代等，著錄雖簡，信息量卻很大。其提供的信息大致有如下幾類：

其一，《晁氏寶文堂書目》重視對複本的著錄。「易」類的《易傳》（內府刻一，外刻一）、《易占經緯》（五），「詩經」類的《袖珍詩經集注》（五部），「春秋」類的《春秋會傳》（四）等等。重視收集複本並對複本的情況加以著錄，既是對藏書情況的如實反映，也表明了晁氏對同一書籍不同版本之間差異的認識。

其二，《晁氏寶文堂書目》對「棉紙」本書皆做標識。如「春秋」類的《春秋列傳》，「史」類的《資治通鑑白文》，「子雜」類的《輟耕錄》，「類書」類的《經籍考》，「韻書」類的《六書本義》等等。

紙張的優劣是決定書籍品質的一個重要因素。胡應麟有言，「凡印書，永豐綿紙上，常山束紙次之，，順昌書紙又次之，福建竹紙為下」，又稱「綿貴其白且堅，束貴其潤且厚。順昌堅不如綿，厚不如束，直以價廉取勝。閩中紙短窘纇脆，刻又舛訛，品最下值最廉」〔註60〕。則知明代印書以棉紙為最上，而其價格亦為最高。採用高價棉紙刻印的書籍，理論上多以重要的經、史著作為夥，較為珍貴。《晁氏寶文堂書目》所載「棉紙」本各書亦是如此，故而對其做特別著錄，以凸顯藏書的價值。

其三，《晁氏寶文堂書目》保存了大量、豐富的版本類型。其中，有禮部刻本，如「陰陽」類的《選擇曆書》（南禮部刻），「醫書」類的《嬰童百問》（禮部刻）。

〔註60〕　（明）胡應麟：《經籍會通》，《經籍會通（外四種）》，北京：北京燕山出版社，
　　　　　1999 年。

有御馬監刻本，如「醫書」類的《馬經》（御馬監刻）。

有「經廠本」，如《外戚事鑒》（經廠刻，欠下冊）。

有「內府板」，如「諸經總義」類的《爾雅》，「易」類的《易經大全》、《易傳》；「書」類的《書經大全》，「史」類《宋元通鑒節要》、《資治通鑒綱目》，「類書」類《文獻通考》等等。

有「監板」，如「史」類《皇明開國功臣錄》（南監刻，全）、《前漢書》（南監新刻），「詩詞」類的《杜工部詩》（南監刻）等等。

有巾箱本，如禮類的《周禮》。

有抄本，如「春秋」類的《春秋繁露》，「史」類的《靖康要鑒》，「文集」類的《海陵周公集》、《張文忠公集》，「類書」類的《詩話總龜》、《北堂書抄》等等。

有木刻，如「法帖」類的《東海草書千文》、《釋義獻六十帖》。

有石刻，如「法帖」類的《宋名賢分寫四十二章經》、《姜白石續書譜》。

有稱「舊板」、「舊刻」者，如「書」類的《書經大全》，「禮」類的《禮記大全》，「四書」類的《四書大全》，「史」類的《稽古錄》，「類書」類的《輟耕錄》，「詩詞」類的《元音》等等。

有稱「新刻」者，如「禮」類的《大戴禮記》，「醫書」類的《救荒本草》，《張仲景金匱要略》等等。

《晁氏寶文堂書目》成書於嘉靖時，隆慶、萬曆又有續添。其時新刻的《大戴禮記》最負盛名者當為嘉靖十二年（1533）袁褧嘉趣堂的翻宋本十三卷。該本左右雙邊，半頁十行，行十八字，小字雙行同。其底本為北宋淳熙二年（1175）韓元吉郡齋刻本《大戴禮記》。該本十三卷，計四十篇，為《大戴禮記》各家版本中最為詳覈者。此外，傅增湘《藏園群書經眼錄》著錄有「《大戴禮記注》十三卷，北周盧辯撰。明刊本，十行二十字，白口，左右雙欄。亦正嘉間刊本，版式高調，與袁本不同（己未）」〔註61〕。此外，又有萬曆二十年（1592）《漢魏叢書》本、《廣漢魏叢書》本，等。王鍔《三禮研究論著提要》對《大戴禮記》的諸家版本作有詳細考證，可資參考〔註62〕。

此外，《晁氏寶文堂書目》尚著錄有大量的藩府本，且一一予以標識。如「易」類的《王弼周易》（趙府），「史」類《通鑒博論》（寧府）、《十八史略》

〔註61〕傅增湘：《藏園群書經眼錄》，第58頁，北京：中華書局，1980年。

〔註62〕王鍔：《三禮研究論著提要》，蘭州：甘肅教育出版社，2001年。

（宣府刻）「子」類的《譚子化書》（伊府刻），「文集」類的《欒城集》（蜀府刻）、《續文章正宗》（晉府刻），「類書」類《初學記》（沈府刻）等。

　　明代藩府刻書數量既多、價值亦高，所刻之書多有珍罕秘本〔註 63〕。王弼單注本《周易》存世版本稀少。趙藩朱厚煜味經堂於嘉靖間刻有王弼《周易注》十卷，具有極高的文獻價值。趙府本《王弼周易》今惜不傳，《晁氏寶文堂書目》的記載當爲該書最早見載於史料者，是較爲原始可靠的文獻依據。

　　《譚子化書》一種，《宋元明清書目題跋叢刊》影印的國圖藏明抄本下字跡模糊，隱約可辨爲「彳尹（嚴）（弋）府刻」的字樣。上海古籍出版社 2005 年排印本直稱「伊府刻」〔註 64〕。按，《譚子化書》的明代藩府刻本現有據可考者爲兩種。一爲天順間代府刻六卷本。丁丙《善本書室藏書志》、葉德輝《書林清話》、張秀民《中國印刷史》等皆有著錄。一即伊府刻本。《晁氏寶文堂書目》之外，僅見載於張秀民《中國印刷史》〔註 65〕。張氏未標出處，或亦採自晁氏書目。丁丙《善本書室藏書志》、葉德輝《書林清話》於伊府刻書的記錄，皆唯有嘉靖戊申（1548）《四書朱注》一種，未見《譚子化書》。則明伊藩刻本《譚子化書》當僅見於《晁氏寶文堂書目》的記載。「伊府」或爲「代府」之誤。

（三）著錄了刊刻者、刻書地區與刻書年代──兼議《萬寶詩山》的成書年代

　　著錄刊刻者。如「史」類《小通鑑》（劉弘毅刻欠二冊），「文集」類的《補注古文大全》（弘治刻，李紀板），「子雜」類的《顏氏家訓》（三十一世孫刻）等等。刻書人是考證書籍版本的一個重要線索。

　　著錄刻書地區。如「春秋」類的《音點白文左傳》（徽州刻），「四書」類的《大學集注標題》（順天刻），「性理」類的《中庸輯略》（武進刻），「陰陽」

〔註 63〕　按：本文《結語・藩府類的設立》部分對明代藩府刻書、著述的情況有所考證，可供參考。

〔註 64〕　（明）晁瑮：《晁氏寶文堂書目》，第 28 頁，上海：上海古籍出版社，2005年。

〔註 65〕　張秀民：《中國印刷史（插圖珍藏增訂本）》，第 304 頁，杭州：浙江古籍出版社，2006 年。按：陳清慧《明代藩府刻書研究》稱伊府本《譚子化書》見載於張秀民《中國印刷史》與晁瑮《晁氏寶文堂書目》。《明代藩府刻書研究》，第 91 頁，北京：國家圖書館出版社，2013 年。王國強主編的《中原文化大典・著述典》亦著錄伊府本，稱「刊刻時間不詳」，未著錄出處，《中原文化大典・著述典》，第 237 頁，鄭州：中州古籍出版社，2008 年。

類的《曆法通書大全》（江西刻），「子」類的《崆峒子》（蘇刻）、《墨子》（天泉刻），「文集」類的《韓文》（蘇刻二十本，閩刻五本）、《柳文》（徽刻六本，閩刻五本）等等。刻板地亦是考見書籍版本的重要線索，亦可據以考見其時各地的刊書概況。

著錄刻書朝代。有「元刻」，如「史」類的《十七史纂》（元刻）、《通鑑綱目書法》（元刻不全），「類書」類的《群書勾玄》（元刻一，舊刻一）等等。有「宋刻」，如「史」類的《南史詳節》，「詩詞」類的《萬寶詩山》（宋刻國朝序）、《湖山雜詠》、《北山詩話》、《江湖前後續集》等等。有明刻，如「子雜」類的《學范》（國初刻），「春秋」類的《左傳句解》（宣德間刻），「四書」類的《四書句解》（成化刻）、《大學解義》（宣德刻），「詩詞」類的《增廣事職詩學大成》（洪武刻）等等。

《萬寶詩山》一書最早見於《文淵閣書目》的記載，爲「《萬寶詩山》一部，十三冊」、「《萬寶詩山》一部，一冊」〔註66〕兩種。正德間夏良勝《建昌府志》亦著錄該書，不載卷冊、版本〔註67〕。清代錢謙益《絳雲樓書目》稱「宋板《萬寶詩山》」〔註68〕，莫友芝《宋元舊本書經眼錄》稱「《萬寶詩山》三十八卷，宋巾箱本」〔註69〕，潘祖蔭《滂喜齋藏書記》稱「宋刻殘本」〔註70〕二卷，陸心源《儀顧堂續跋》稱「蓋理宗淳祐末年刊本」〔註71〕，皆鑒爲宋板。

皕宋樓藏書歸日本靜嘉堂後，島田翰得以目驗。其所撰《皕宋樓藏書源流》稱「《萬寶詩山》是明宣德四年書林葉景逵刻本，莆陽余性初作之序……其所空缺，即宣德四年四字，不免爲書賈所愚。而著雍作噩即當是屠維作噩，偶然筆誤」〔註72〕，認爲該書爲明宣德間葉氏廣勤堂刻本。葉德輝認可島田

〔註66〕 （明）楊士奇等：《文淵閣書目》卷一〇《詩詞》，《讀畫齋叢書》本。
〔註67〕 （明）夏良勝：（正德）《建昌府志》卷八，明正德刻本。
〔註68〕 （清）錢謙益：《絳雲樓書目》卷四，清嘉慶抄本。
〔註69〕 （清）莫友芝：《宋元舊本書經眼錄》卷一，清同治刻本。
〔註70〕 （清）潘祖蔭：《滂喜齋藏書記》卷三《集部》，清末刻民國增修本。
〔註71〕 （清）陸心源：《儀顧堂續跋》卷十四，《續修四庫全書》本。
〔註72〕 （日）島田翰：《皕宋樓藏書源流》，王餘光《藏書四記》第300頁，武漢：湖北辭書出版社，1998年。按：屈萬里、昌彼得：《圖書版本學要略（增訂版）》稱「景逵應作景達」。《圖書版本學要略》第88頁，中國文化大學出版部，1986年。丁丙《善本書室藏書志》、陸心源《皕宋樓藏書志》、莫友芝《宋元舊本書經眼錄》皆稱「葉景達」。「葉景達」爲是。

翰的觀點，稱該書前余性初的序乃書賈挖去以欺錢謙益者〔註73〕。黃永年亦稱其爲宣德板，「《絳雲樓書目》把明宣德時，建陽書坊葉氏廣勤堂刊刻的《萬寶詩山》誤認爲宋板」〔註74〕。

　　祝尚書《宋人總集敍錄》有《選編省監新奇萬寶詩山》一篇，對《萬寶詩山》一書的問世年代作有探討。祝氏認同島田翰所稱傳本刊於明宣德四年（1429）的說法，卻提出該書「傳本雖爲明人所刊，但必源於宋代舊籍」的推論。祝氏立論，依據有五。其一，因余性初序中「葉景達氏掇拾類聚，繡梓以傳於世」之言，認爲葉氏「掇拾」者當爲前世舊本，而葉氏僅作「類聚」之功。其二，稱書中所載詩歌「缺作者名，正爲宋代省監試進士糊名謄錄試卷之舊式」。其三，稱宋末書坊刊舉業書牟利蔚然成風。其四，以《文淵閣書目》著錄的《萬寶詩山》下稱「闕」爲據，稱「若文淵閣所藏是廣勤堂本，而該本刊於宣德四年，當時頗易得，何必皇家藏本尚『闕』」。更疑廣勤堂刊本稱《選編》的原因，乃以文淵閣殘闕本爲底本之故。其五，認爲葉盛藏本的冊數與文淵閣本同爲十三冊，當爲抄自內閣者。稱其時若有刊本，則葉氏不必費力抄錄〔註75〕。

　　筆者認爲，祝尚書所稱《萬寶詩山》乃明覆宋本的說法難以成立。其一，單從字眼看，葉氏「掇拾」者，不一定爲前世舊本，更可能爲散見之單篇試卷，故有「類聚」之說。其二，自北宋以降，歷代試卷謄錄皆糊名，稱爲「彌封」。彌封官專司其職，封後送謄錄所，抄爲朱卷後交由考官評閱。光緒二十八年（1902）後，取消謄錄朱卷之制，考官直接評閱彌封墨卷。單憑該書所收詩歌不署作者名姓的做法，無法判斷其著成於宋或明。其三，舉業書在北宋末確已出現雕版印刷的批量化生產，然而這種風氣於明代尚存，至嘉隆、萬曆時期乃至於極盛，出現了「書坊非舉業不刊，市肆非舉業不售，士子非舉業不覽」〔註76〕的情況。此點同樣無法作爲《萬寶詩山》有宋刊本的依據。

　　其四，也是最需要指出的地方。《文淵閣書目》中「完全」、「闕」、「殘缺」等字樣乃後世清點閣藏書籍時所補入，非爲楊士奇等編目時著錄。顧修《讀畫齋叢書》本《文淵閣書目》後有鮑廷博識語，對其校補該目時移錄此類字

〔註73〕葉德輝：《書林清話》，第116頁，北京：華文出版社，2012年。
〔註74〕黃永年：《古籍整理概論》，第22頁，西安：陝西人民出版社，1985年。
〔註75〕按：參見祝尚書：《宋人總集敍錄》，第393至395頁，北京：中華書局，2004年。
〔註76〕張秀民：《中國印刷史》，第471頁，上海：上海人民出版社，1989年。

樣一事作有明確交代。詳可參見本文第一章《〈文淵閣書目〉的版本》部分的考證。《文淵閣書目》著錄有《萬寶詩山》兩部，或正說明正統間此書不難獲得。此外，以《讀畫齋叢書》本《文淵閣書目》爲例，其對書籍保存情況的清點著錄有三種模式，一爲「完全」，乃清點時全存之書；一爲「殘缺」，乃清點時非爲完帙之書；一爲「闕」，乃清點時全書已佚者。考證至此，則祝氏稱廣勤堂刊本或以文淵閣殘闕本爲底本的說法，亦謬。葉氏刊本稱《選編》者，或正因葉氏輯錄的對象原爲散篇殘卷之故。

其五，葉盛抄本爲明抄珍品。葉抄本多爲綠墨雙色格紙，版心書「賜書樓」字樣，甚爲精緻。葉盛「做官數十年，未嘗一日停止抄書」〔註77〕，勤勉至此。葉盛活動於正統年間，與楊士奇校理內閣藏書同時。其抄錄《萬寶詩山》的底本或與內府藏本同源，然無法斷定抄自內府。

有刊本行世之書，或因價值較高，或因流傳不便等，亦往往有學者抄錄複本的情況。晚於葉盛一個世紀的趙用賢亦行「抄白」之事。《趙定宇書目》著錄有「《傳心錄》。一本。又抄白一本」〔註78〕。「抄白」者即爲抄錄的複本。明代是中國古代雕版印刷的發展高峰期，隆慶、萬曆間書籍流通的繁盛程度與正統間已不可同日而語。《傳心錄》爲明人鍾庚陽《尙書主意傳心錄》，有萬曆九年（1581）刊本，六冊一函。趙用賢亦生活於隆慶、萬曆間，且已收得該書刊本一部。在這種情況下，趙用賢尙行「抄白」之舉，則早在正統間的葉盛抄錄已刊行之書，亦不足爲奇。

《萬寶詩山》一書，稱元刊本者有之（按：臺北故宮博物院藏本，稱「元方回編，元建陽書坊刊袖珍本」〔註79〕），稱宋刊本者有之（按：如錢、莫、潘、陸等人。曾棗莊，劉琳主編的《全宋文》著錄《萬寶詩山序》，稱余性初爲「淳祐間莆田人」〔註80〕，當爲沿襲《儀顧堂續跋》之故）。自島田翰而後，學界多以此書爲明版。島田翰之外，傅增湘、李盛鐸等皆有目驗之本，俱稱明塹〔註81〕。

〔註77〕 南炳文、湯綱：《明史・下》，第 1450 頁，上海：上海人民出版社，2014 年。

〔註78〕 （明）趙用賢：《趙定宇書目・經類》。上圖藏舊寫本。

〔註79〕 按：祝尙書：《宋人總集敍錄》第 395 頁，轉引臺北故宮博物院《善本書籍總目》，北京：中華書局，2004 年。

〔註80〕 曾棗莊、劉琳主編：《全宋文》第 346 冊，第 11 頁，上海：上海辭書出版社；合肥：安徽教育出版社，2006 年。

〔註81〕 按：見載於傅增湘：《藏園群書經眼錄》卷一七、北大圖書館藏李盛鐸《木犀軒藏書書錄》。參見祝尙書：《宋人總集敍錄》第 394 頁。北京：中華書局，2004 年。

據以上論證，《萬寶詩山》一書基本可以認定爲明宣德四年（1429）葉景達廣勤堂輯刻之書。時人莆陽余性初爲之作序，隨書付梓。

明初廣勤堂所刻各書多爲仿宋。葉德輝稱「吾藏有廣勤堂刻李燾《通鑑宋元續編》殘卷。字體圓活，有南宋刻本遺風」〔註82〕，認爲廣勤堂刻板精美，故而「雖牧翁、滄葦諸人，在二百年前已不能分其眞贋」〔註83〕。《萬寶詩山》一書採用了仿宋刻的板式，刻工誤將「屠維作噩」刻作「著雍作噩」，正爲書賈使詐提供了可乘之機。此書刊行後，奸賈乃將余序中「宣德四年」的字樣挖去，以充宋刻。

《晁氏寶文堂書目》所稱「宋刻國朝序」者，正爲本文的推斷提供了證據：既是宋刻之書，何來明人之序？其稱「國朝序」者，自爲莆陽余性初之序。其所謂「宋刻」者，當因其時序內「宣德四年」四字已被挖改，故而與錢謙益一般，誤認仿宋爲宋刻之故。

《晁氏寶文堂書目》成書於嘉靖年間，又經晁氏後人增補。經王重民考證，該日所載之書，問世最晚的當屬劉希賢刻本《三遂平妖傳》，付梓於萬曆二十九年（1601）〔註84〕。則《萬寶詩山》一書於其時當已被挖改流通了。

《萬寶詩山》的成書年代，歷來是爲學界公案。各家爭議，未有確論。《晁氏寶文堂書目》的記載，不僅爲島田翰的說法提供了證據，更爲廣勤堂刻本《萬寶詩山》被挖改之事提供了新的時間線索，是版本學史的重要史料。

（四）著錄了書籍的內容、結構等信息

《晁氏寶文堂書目》於著錄中，對某些書籍的內容結構、創作宗旨等亦稍作解構，如於「子雜」類《雙節集》下稱「張給事二妾」，於「年譜」類《盧陵曾氏家乘》下稱「旌節崇議表忠終孝」等，爲讀者瞭解書籍的內容大概提供了參考。

值得一提的是，《晁氏寶文堂書目》在著錄某些小說集的時候採用了按篇著錄的方式。如其「不著錄《虞初志》，卻基本上著錄了《虞初志》所收篇目」〔註85〕。《百川書志》亦採用有這種將書名與篇名並行著錄的形式。向志柱《〈寶

〔註82〕葉德輝：《書林清話》，第117頁，北京：華文出版社，2012年。

〔註83〕葉德輝：《書林清話》，第118頁，北京：華文出版社，2012年。

〔註84〕按：參見王重民：《中國目錄學史料十》。

〔註85〕向志柱：《〈寶文堂書目〉著錄與古代小說研究》，南京師大學報（社會科學版），2009年5月，第3期，第134頁。

文堂書目〉著錄與古代小說研究》一文對《寶文堂書目》的這種著錄形式作有詳細考證，可供學界參考。

（五）大量採用了「互著」法

《晁氏寶文堂書目》中有不少前後重複著錄的現象（如「子雜」類著錄書籍 1346 種，其中完全重複者爲 58 種 121 本）。四庫館臣稱其「編次無法，類目叢雜，復見錯出者，不一而足，殊妨檢閱」〔註 86〕。事實上，排除某些同一版本在同一類別中重複出現的情況不論，這些「復見錯出者」大致有三種情況：其一爲異書同名，今難以考證；其二爲同書不同版本者；其三爲明人編目常用的一種著錄方式——互著法。

《晁氏寶文堂書目》在處理同書不同版本的情況時，大致採取兩種方式，一種是著錄一次書名，在其下標注各個版本，如「類書」類有《居家必用》者，下有備註「內府刻十本，閩刻六本，蜀刻一部」。另一種是隨書就錄，這也是帳簿式書目的一大特色。如「史」類著錄了四處《十八史略》，一處爲「宣府刻」，一處爲「白文」，一處爲「宣德刻」，一處爲「永樂刻」。

互著法在目錄學中的運用，首見於嘉靖十九年（1540）編成的《百川書志》。《晁氏寶文堂書目》在著錄時亦大量採用了「互著法」，如「算法」類《康節前定》、《革象新書》下皆有「見陰陽」的字樣。「佛藏」類《廬山東林寺志》下有「見圖志」三字。又《詩話總龜》在「詩詞」跟「類書」中皆有著錄，《韻府群玉》見於「類書」與「韻書」兩類，《楚史檮杌》既見於「史」又見於「子雜」，等等。這些書籍在內容上往往不明確屬於某一類，經常兼有兩類或以上的屬性，作者在登記時採用互著的方法，可以保證條目歸類的精確性，也能凸顯出書籍的自身特性。

五、對《晁氏寶文堂書目》的價值評述

作爲一部直觀的帳簿式登錄書目，《晁氏寶文堂書目》雖無解題，但卻以簡略著錄的形式保留了大量珍貴的版本信息，「足以考見明代板本源流」〔註 87〕。

該目「史」類著錄有宋刻《南史詳節》一書。目前存世的呂祖謙《十七史詳節》有元刊本、明正德十五年（1520）劉弘毅愼獨齋刊本、嘉靖四十五年（1566）至隆慶四年（1570）陝西布政使刊本、清光緒二十八年（1902）

〔註 86〕 （清）永瑢：《四庫全書總目》，第 2258 頁，北京：中華書局，1965 年。
〔註 87〕 《晁氏寶文堂書目・出版說明》，上海：古典文學出版社，1957 年。

崇新書局石印本等，而宋刻本唯獨南圖存有一部，稱《明公增修標注南史詳節》，已是絕世珍寶。

　　該目又著錄有宣德刻《十八史略》一種，應是明宣德間劉剡刻本。宣德年間，江西民間學者王逢重視《十八史略》，在其書頁天頭加寫內容提示性的標題，以便於教學使用。弟子劉剡取明初陳殷的音釋與王逢的點校、標題合編一起，成爲新的本子。

　　《晁氏寶文堂書目》不僅著錄了其時已有的、大量的版本類型，而且對刻板時間、刻板地點、刻板人乃至刻書的用紙情況等皆作有較爲詳細的記錄，是研究明代版刻源流、考察早期書籍版本的重要史料來源。對這些信息的記錄，凸顯了晁瑮較強的版本意識。

　　此外，《晁氏寶文堂書目》中樂府類的設置爲晁瑮首創。姚名達稱其「分樂府於詩詞之外，並古錄所未曾及者」〔註88〕。《晁氏寶文堂書目》樂府類著錄元明話本、小說、傳奇、雜劇等354種。「除去詩詞、樂律以及雜類，著錄有 290 餘種；而且曲學文獻著錄的小類也逐漸豐富，除雜劇、戲文外，還有散曲、諸宮調、曲譜、傳奇等等的著錄」〔註89〕。孫楷第《中國通俗小說書目》、胡士瑩《話本小說概論》、譚正璧《古本稀見小說匯考》、《話本和古劇》等著作中，都大量徵引了《寶文堂書目》中對小說戲曲的記載〔註90〕。

　　《晁氏寶文堂書目》所著錄之話本、小說、雜劇、傳奇等不僅數量可觀，且多有僅見於該目記載者。趙萬里《跋晁氏寶文堂書目》稱該目的「子雜、樂府二門，所收之明話本小說、雜劇、傳奇至多，爲明代書目所僅見，至可貴也」〔註91〕。古典文學出版社《出版說明》稱：「晁氏收藏宏富，頗有在其他著錄中不見或罕見的書名，如子雜門著錄《東軒筆錄續錄》，《續錄》除見於宋史藝文志而外，別處幾未見過；樂府類著錄《稼軒餘興》，恐怕是辛棄疾詞的別一個本子，而這個本子幾乎僅見於本目的著錄；醫書類著錄《東坡集藥方》，可能是《蘇沈二內翰良方》蘇軾醫方部分的藍本，沈括醫方部分的藍

〔註88〕姚名達：《中國目錄學史》，第 87 頁，上海：上海古籍出版社，2002 年。

〔註89〕劉唯唯：《明清綜合性書目中曲學文獻的著錄研究》，第 21 頁，華東師範大學碩士論文，2013 年。

〔註90〕按：參見王國強《明代目錄學研究》第 254 頁，鄭州：中州古籍出版社，2000 年。

〔註91〕趙萬里：《晁氏寶文堂書目跋》：《晁氏寶文堂書目》，上海：古典文學出版社，1957 年。

本是很清楚的，蘇軾的卻一直沒有搞明白，這材料就有助於說明這個問題。」〔註 92〕《晁氏寶文堂書目》的記載，是後世研究元明戲曲小說提供了及其寶貴的參考資料。

第四節　趙用賢《趙定宇書目》

一、《趙定宇書目》的作者趙用賢

趙用賢，字汝師，號定宇，常熟人。嘉靖十四年（1535）生人，隆慶五年（1571）進士，選庶吉士，除檢討，歷吏部左侍郎，萬曆二十四年（1596）卒。天啓間追贈太子少保、禮部尙書，諡文毅。《明史》有傳，《列朝詩集小傳》、《藏書紀事詩》、《本朝分省人物考》皆對其生平有所稱載。

趙用賢性好藏書，勤於手抄，又精校刻。錢受之稱其「欲網羅古今載籍，甲乙銓次，以待後之學者。損衣食，假借繕寫三館之秘本，兔園之殘冊。刓編蠹翰，斷碑殘甓，梯航訪求，朱黃讎校，移日分夜，窮老盡氣。好之之篤摯，與讀之之專勤。近古所未有也」〔註 93〕。《香祖筆記》載其「閱《舊唐書》，每卷必有朱字數行。或評史，或閱之日所遇某人某事，一一書之」〔註 94〕。《趙定宇書目》內亦有數處批校之語。如《稗統目錄》內《賽齋瑣綴錄》下注「與刻本有異同」。《賽齋瑣綴錄》有嘉靖刊八卷本，或即用賢對校之本。《稗統續編》內《續夷堅志》下注「舊板。八本，欠二卷、三卷一本。又一本，有異同」，乃用賢將二本對校後所作批語。《奇聞類紀》下注曰「二本。此應入前類」，則指出了該書原歸《稗統後編》之事實。而《脈望館藏書目》亦多有「老爺批點《前漢書》」、「老爺批點《選詩補注》」字樣，可知其家藏書籍多爲趙用賢所批校。

二、《趙定宇書目》傳世的兩個寫本

《趙定宇書目》現存版本有上圖藏舊寫本與國圖藏抄本兩種。其中，國圖本是 1955 年瞿鳳起據上圖本抄錄而成的。瞿氏抄錄時對上圖本的錯簡做了

〔註 92〕《晁氏寶文堂書目·出版說明》：上海：古典文學出版社，1957 年。
〔註 93〕（明）錢受之：《刑部郎中趙君墓表》，《藏書紀事詩》卷三引，《藏書紀事詩》，北京：北京燕山出版社，2008 年。
〔註 94〕（清）王士禎：《香祖筆記》卷七，《香祖筆記》，上海：上海古籍出版社，1982，第 139 頁。

大致調整，然其調整或亦有未備之處。

　　上圖所藏明清之際舊寫本曾爲曹寅、富察昌齡、查瑩、韓泰華、潘承厚兄弟等人遞藏，後又由上海市文物保管委員會保管。該本「計一百又五葉，裝一冊，朱紅花絹書衣」〔註95〕，卷首有「楝亭曹氏藏書」、「長白敷槎氏堇齋昌齡圖書印」、「聽雨樓查氏有圻珍賞圖書」、「韓氏藏書」四印（按：據瞿鳳起《〈趙定宇書目〉跋》，此四印分別爲朱文印、細朱文印、白文印、白文印）。內有錯簡，如佛書類混入小說書、志書、醫書等眾多別類書籍。又有空行之處甚多，或爲暗分類目之意。上海古典文學出版社1957年據該本影印，爲《中國歷代書目題跋叢書》之一。本書主要以該本爲對象開展研究（按：以下簡稱「上圖本」）。

　　國圖所藏抄本爲1955年瞿鳳起據上圖本抄錄（按：該本其時尙由上海市文物保管委員會保存）。瞿氏同時抄錄有副本兩部，其一寄予鄭振鐸，後歸國圖。該本前亦有「楝亭曹氏藏書」、「長白敷槎氏堇齋昌齡圖書印」、「聽雨樓查氏有圻珍賞圖書」、「韓氏藏書」四印，又有「長樂鄭振鐸西諦藏書」印。卷末則有「吳縣潘承厚承弼藏書印」、「長樂鄭氏藏書之印」兩種。則鄭氏二印之外的五枚傳藏印當爲瞿氏抄副時描入。《西諦書目》著錄之一卷本即爲此本。

　　瞿鳳起《〈趙定宇書目〉跋》稱「原書錯簡甚多，已粗爲調整」〔註96〕。筆者比對二本，發現瞿氏調整之處有二。其一，是將上圖本「佛書」類中自《楊趙二傳》至《清異錄》的389種全部移入「小說書」之內。其二，是將上圖本「合用文籍品目」類末自《圖畫要略》至《花木鳥獸珍玩考》的12種移至《林泉高致》之後、《占候成書》之前。

　　筆者認爲，瞿氏調整的部分確爲錯簡，但其調整或有未備之處。《趙定宇書目》未錯簡時的原貌今已不得而知，今僅根據該目的類目設置與錯簡部分的內容將二本互校，加以對比分析。

　　瞿氏對「合用文籍品目」類的調整當爲無誤。瞿氏前移的這12種皆爲書畫器物譜錄，且爲單置一頁之內者。上圖本將這部分續接於明代典制類書籍後。典制類書籍著錄完畢之後空行甚多，而該部分仍另置一頁，明顯非爲連

〔註95〕　瞿鳳起：《〈趙定宇書目〉跋》，《鐵琴銅劍樓研究文獻集》，上海：上海古籍出版社，1997年，第151頁。

〔註96〕　瞿鳳起：《〈趙定宇書目〉跋》，《鐵琴銅劍樓研究文獻集》，上海：上海古籍出版社，1997年，第151頁。

續著錄。瞿氏將其前移，重置於書畫器物譜錄之內，是爲得宜。

上圖本「佛書」類收錄書籍 476 種。其中的佛書分兩部分著錄，第一部分爲第 32 頁的《弘明集》至《起信論》17 種，第二部分爲 53 至 56 頁的《顯蜜玄通戒佛心要集》至《相如楞嚴古今會解》70 種，總計 87 種。這兩部分之間自 33 頁至 52 頁的 389 種書籍（按：《楊趙二傳》至《清異錄》）被瞿氏移出並全部置於「小說書」之內。

筆者認爲，瞿氏將這 389 種書籍自「佛書」類中移出的舉動是正確的，但將其全部置於「小說書」中則不爲精確。

其中，第 33、34 頁的《楊趙二傳》至《太平經國書》40 種多爲筆記小說，如《說郛》、《眞珠船》、《金聲玉振》、《世說新語》等，可歸於「小說書」之內。

第 35 頁、36 頁以及 37 頁的右半頁（按：其後有一行空）的 48 種全爲歷代詩文集，如《司空曙集》、《小畜集》、《誠齋集》等。

37 頁左半頁至 41 頁右半頁（按：其後有一行空）自《保嬰萃要》至《風科集驗名方》的 76 種全爲醫書。

41 頁左半頁至 42 頁右半頁（按：其後有一行空）的 24 種則爲《湖山樂府》、《石門樂府》、《山堂詞稿》等樂府詞。

42 頁左半頁至 44 頁自《使職文獻通編》至《五城胡同集》的 41 種爲志書。

45 頁至 52 頁自《漢唐四傳》至《清異錄》的 160 種又爲小說書。

分析可知，瞿氏將該部分書籍全部歸於「小說書」類的原因，乃是因爲該部分前後皆爲小說書類，且數量最多。在不見未錯簡的原本的情況之下，瞿氏做出了將其全部歸爲一類的粗略改變。

然而，上圖本《趙定宇書目》於「小說書」外，明確設有文集類（按：歷代文集分設）以及「詞」、「志書」、「醫家書」等類。而錯簡部分的各類書籍亦皆單獨著錄，且各類之間皆有所區別（按：如另起一頁，或兩類書籍之間空一行），非爲混雜著錄者。故筆者認爲，若將錯簡部分的內容依照內容分類歸置，當更有利於恢復《趙定宇書目》原貌。

谷文彬、溫慶新《精編細分的「帳簿式」書目：〈趙定宇書目〉發覆》一文稱該目似爲未竟者，證據有二。其一，該書目中有空白處若干。如《稗統目錄》第二百三十八冊、二百四十二冊、二百四十四冊等處，下皆爲空白。

其二，該書目「雜目」類內 80 種書籍，分屬經史子集四部，然全部混雜羅列，似未及歸類者〔註97〕。王國強《明代目錄學研究》亦稱《趙定宇書目》「似為未定稿」〔註98〕。

筆者認為，稱《趙定宇書目》為未竟之稿或顯牽強。該目當為成稿之後又加續補者。谷、溫一文所稱《稗統目錄》內三處空白，當為有目無書的情況。類似的情況還出現在《稗統目錄》的第五十一冊。該冊之下未著錄書名，以「缺」字標識。第二百三十八冊、二百四十二冊、二百四十四冊之下皆為空白，當同為缺省之故。

「雜目」類內的 80 種書籍確為內容性質不一、當分屬各類之書。然《趙定宇書目》以「雜目」之名統領這些書籍的行為本身便已是對這些書籍事實上的歸類。至於未將其細分入已有各類的原因，或是因為這些書籍乃書目編成之後所續增者。

此外，「晉人文集」類亦當為後來補入的內容。《趙定宇書目》設「總文集」、「六朝文集」、「唐人文集」、「宋人文集」、「元人文集」、「本朝文集」、「晉人文集」七類收錄文集。首先，由類目名稱看，前六類皆依朝代先後排序，而「晉人文集」本應置於「六朝文集」之前或「總文集」之中，而今後置，且只收錄《陶靖節集》一種，此為不合情理之一。其次，從該書板式行文看，「晉人文集」一類與前、後二類目的間距皆較大，能明顯看出其為書目編成後又於空白處補入者。

三、《趙定宇書目》的編纂體例

《趙定宇書目》分 32 大類，其中「碑帖」類下又分 12 小類，共著錄書籍 3262 種。該目僅記書名，間或著錄本數（套數、冊數）、年代、作者、版本、附錄、同書異名、叢書名、對校情況等信息。如「《宋書》四十本」、「《續夷堅志》舊板八本，欠二卷、三卷一本。又一本，有異同」等。

《趙定宇書目》要言不煩，著錄簡略但極為精到，無需說明的地方則不做贅言。如《稗統續編》著錄《睽車志》一書，下稱「小說」，點明了該書的體裁內容，避免了對書名的誤讀。《永昭二陵史》下稱「世穆編年史」，亦為

〔註97〕谷文彬、溫慶新：《精編細分的「帳簿式」書目：〈趙定宇書目〉發覆》，《圖書與情報》2015 年第 1 期。
〔註98〕王國強：《明代目錄學研究》，第 102 頁，鄭州：中州古籍出版社，2000 年。

對書籍內容的解讀。此外，一種書籍之後往往附錄他書，若不專門著錄，則無法顯示附錄各書的存在。趙用賢注意到了這種情況，對附錄各書亦作特別強調。如《稗統續編》著錄《春秋原經》「一本。《書經》附」。《焦太史爻談》「一本。注：《陰符》附」等。

《趙定宇書目》的類目名稱及著錄數量見下表：

部類及數量（種）	二級類目	
天字號・史書 18		
經類 47		
類書 12		
經濟 8		
理樂書 48		
子書 19		
總文集 15		
六朝文集 2		
唐人文集 17		
宋人文集 24		
元人文集 7		
本朝文集 188		
晉人文集 1		
小說書 86〔註 99〕		
佛書 476〔註 100〕		
道家書 55		
詞 27〔註 101〕		
志書 25		
小學書 18		
術家書 13		
醫家書 23〔註 102〕		

〔註 99〕按：《趙定宇書目》「佛書」類內又著錄 200 種，總 286 種。

〔註 100〕按：《趙定宇書目》「佛書」類所著錄的 476 種中，佛書實爲 87 種（李聖華《虞山趙用賢論》一文稱爲 90 餘種），分前後兩部分著錄。

〔註 101〕按：《趙定宇書目》「詞」類著錄樂府詞 27 種，「佛書」類中又著錄 24 種，總 51 種。

〔註 102〕按：《趙定宇書目》「醫家書」類著錄醫書 23 種，「佛書」類中又著錄 76 種，總 99 種。

部類及數量（種）	二級類目	
楊升庵書集目錄 43		
雜目 80		
內府板書 91		
宋板大字 55		
元板書 28		
碑帖 116	唐 42	
	漢 2	
	後漢 1	
	宋 34	
	周 1	
	晉 6	
	北齊 1	
	秦 1	
	金 3	
	吳 1	
	元 8	
	本朝 16	
沈濱莊 417		
稗統目錄（黃葵陽家藏）740		
稗統後編 7		
稗統續編 410		
合用文籍品目 167		
32 類 3262 種	12 小類	總 計

四、《趙定宇書目》的特色

（一）《趙定宇書目》的分類特色

《趙定宇書目》採用了多種分類依據立體結合的編纂體例。32 項一級類目中，將書籍性質（按：經史子集等）、朝代、作者、版本、藏書人、叢書等並做設類依據。又於「碑帖」類中依朝代設立二級類目。這種類目設立方式最大限度地保留了書籍的原始狀態，具有四部分類法難以企及的文獻價值。

　　《趙定宇書目》首設「天字號・史書」類，收錄《宋書》、《南史》、《史記》、《歷代帝王纂要括》等正史書籍 18 種。將正史（按：非御製、典制等）置於卷首的做法爲前代書目所未見，體現了趙用賢維護正統的士大夫身份。

　　《趙定宇書目》將特殊叢書單獨設類。《稗統》爲流傳於明清之際的大型小說叢書，後亡佚，於各家之中皆少見著錄。《趙定宇書目》設「《稗統》目錄」、「稗統後編」、「稗統續編」三類，完整保留了各書的冊數及收錄情況。其「《稗統》目錄」類下有「黃葵陽家藏」字樣，則《稗統》當爲趙氏所得之黃洪憲藏書。黃洪憲，字懋中，號葵陽，秀水人，與趙用賢同科進士，饒於著述，家富縹緗。黃氏家藏書目不傳於世，其藏書爲後世所知者唯《稗統》而已。

　　《趙定宇書目》將類書單獨設類。隋唐之前，類書多爲類事，《新唐志》廣類事而爲類書，其名乃定。編纂類書的一個重要目的是「炫博」〔註103〕，故而類書往往山包海匯，稱引之書覆蓋四部，於傳統書目編製中難以歸類。《通志・藝文略》首次將類書單設一類置於四部之外，這種做法爲《趙定宇書目》所延續。《趙定宇書目》「類書」類所收 12 種內，既有《文苑英華》（八套）、《冊府元龜》（二百零二本）等綜合性大類書，亦有《物類相感志》（一本）、《歲華紀麗》（一本）這樣的應用型小類書，且無總集、小說、叢書等意義相近的書籍錯入。可見趙用賢對類書這一概念的認識是十分清晰的。然其對某些類書作者的著錄或有未當之處，現略作剖析。

　　《歲華紀麗》一書，趙氏題曰《昌黎韓公歲華紀麗》，認爲乃韓愈所作。此言不知何據。《歲華紀麗》最早見載於《新唐書・藝文志》，稱韓鄂作，二卷。《宋史・藝文志》作四卷，亦稱韓鄂。《玉海》、《直齋書錄解題》亦稱韓鄂，《郡齋讀書志》、《文獻通考》則稱韓諤。故其作者名姓確切爲何乃不可知。另，《四庫全書總目》稱《歲華紀麗》書中所引者，有韓鄂所撰《四時纂要》，又有五代時王定保所撰之《摭言》，故該書作者不當爲唐人。余嘉錫《辨正》稱該書所稱引者爲《四時要》，無所謂《四時纂要》者，難以認定即爲韓鄂所撰。而《摭言》之事爲確〔註104〕。韓愈爲中唐時人，更無可能稱引五代之書。則趙用賢所稱《歲華紀麗》爲韓愈所作者確誤。

〔註103〕杜澤遜：《文獻學概要（修訂版）》，第 222 頁，北京：中華書局，2008 年。
〔註104〕按：參見余嘉錫：《四庫提要辨正》卷十六《子部七》，第 999 頁，北京：中華書局，1980 年。

又有《物類相感志》一種，趙用賢稱爲東坡著述者。《四庫全書總目》稱「舊本題東坡先生撰，……又題僧贊寧編次」〔註105〕。按《郡齋讀書志》、《通志・藝文略》皆稱爲僧贊寧撰。贊寧亦稱：「愚著《物類相感志》，常寄書問天目舊友，問山中所出。」〔註106〕則該書確爲贊寧所著，非出東坡之筆。

《脈望館藏書目》亦延續了《趙定宇書目》對此二書的著錄之誤，後不贅言。

《趙定宇書目》將47種理學著作與《樂典》1種合錄，設爲「理樂書」類。將理學著作與樂書合併的設類方式似無先例，而趙氏亦未作任何說明。其設類根據爲何筆者尚未領回，有待學界繼續研究。

《趙定宇書目》將收藏家的藏書單獨設類。「沈濱莊」類所收417種爲趙氏所得沈氏藏書。沈濱莊藏書不見別家記載，亦不知是否編有書目。趙用賢將沈氏藏書單獨歸置，不僅保存了沈氏藏書的數量、內容概況，且保留了其大致依照經、史、子、集排序而將志書

《趙定宇書目》將個人著述單獨設類。其中，「楊升庵書集目錄」爲楊愼著述目錄，收錄楊愼著作43種，皆見載於周亮工編訂的《楊升庵先生著書目》之中。周亮工編訂本收錄256種，且分爲「正集」、「雜集」、「外集」「別載」四類，中又有批校，著錄同書異名、總數。如「《夏小正錄》一作《夏小正解》」，「《墨池瑣語》一作《墨池瑣錄》」，「已上共一百三十八種」，「又別載」等，顯得較爲豐富、完善。而《趙定宇書目》「楊升庵書集目錄」的著錄則保留了將楊愼著作合訂本的情況，如「《古音叢目》《古音餘》全一本」，「《古音獵要》《古音略例》《音字韻》全一本」，「《墠戶錄》、《詞林萬選》、《卮言閨集》。上全一本」，「《五言律祖》、《唐絕增奇》、《千面里譚》。上全一本」等。後世讀者據此而知楊愼著錄的早年面貌。

置於四部之末的藏書體例。至《脈望館藏書目》而將沈氏藏書散入四部，則沈氏藏書概貌就此湮沒。

《趙定宇書目》將特殊版本單獨設類。業師杜澤遜教授於《張元濟與〈寶禮堂宋本書錄〉》一文中稱：「專重宋版則自明代始，萬曆間趙用賢纂《趙定宇書目》，……中有『內府板書』、『宋板大字』、『元板書』三類，當爲以版本

〔註105〕（清）永瑢：《四庫全書總目》卷一百三十，北京：中華書局，1965年。
〔註106〕（宋）（釋）贊寧：《筍譜》，《百川學海》本。

性質劃分圖書類別之嚆矢」〔註107〕。其「內府板書」收錄91種，「宋板大字」收錄55種，「元板書」收錄28種，數量之多，足爲稱歎。三類之下復作版本細化，如「宋板大字」內的「小字《文選》」、「大板《通鑑》」，「元板書」內的「麻沙板《五代史》」、「大字《唐柳文》」、「大板《紀事本末》」等。這種設類方式既凸顯了善本，又避免了著錄中的重複繁瑣，顯得簡要精練。

（二）《趙定宇書目》的著錄特色

1. 詳細記載了書籍的多種計量單位

趙氏藏書非常重視對書籍原始面貌的保存。這一特點於《趙定宇書目》的類目設置方式之外，亦體現在對書籍數量的著錄單位上。

《趙定宇書目》在記錄書籍數量時不稱卷數，而以本數、冊數、套數、部數、條數、包數等多種計量單位替代。如：「元人文集」類著錄：

《方虛谷桐江續集》。一部。

「佛書」類著錄：

《分類江湖紀聞》《湖海新聞》《夷堅續志》。一套八本。

《篆書金剛經》。二冊。又二包。

「經濟」類著錄：

《大明律例》。八條。

書籍稱本」、「部」、「冊」、「套」的做法已於《濮陽蒲汀李先生家藏書目》中有所探討，此不贅言。於「本」、「部」、「冊」、「套」之外，《趙定宇書目》又有稱「包」、稱「條」者，著錄方式甚爲多樣。

佛經以「包」計量的傳統由來已久。「包」即袱套，亦稱爲「帙」，是佛經的原始保存形式。業師杜澤遜教授有言：「卷子每十卷爲一帙，是通行做法。晉葛洪《西京雜記序》：『始甲終癸爲帙，帙十卷，合爲百卷。』……不滿十卷亦可自爲一帙。帙一般爲絲織品，敦煌所出書帙亦有竹簾做成的……有的帙還說不上是袋子，而是類似包袱。『卷』和『帙』是兩相配合之物，所以後來成爲一個詞『卷帙』，稱書多爲『卷帙浩繁』。」〔註108〕葉德輝亦曰「漢時卷子裹之以袱，其名曰褾。《說文解字》『褾，書衣也』」〔註109〕。由此可大膽推斷，《篆書

〔註107〕杜澤遜：《張元濟與〈寶禮堂宋本書錄〉》，《出版大家張元濟・張元濟研究論文集》，第636頁，上海：學林出版社，2006年。

〔註108〕杜澤遜：《文獻學概要（修訂本）》，第26頁，北京：中華書局，2008年。

〔註109〕葉德輝：《書林清話》，第14頁，上海：上海古籍出版社，2008年。

金剛經》二包之數或有二十卷（按：或不足二十卷），且爲卷軸裝者，很有可能是前代舊本。而其「二冊」之本的成書理論上當晚於「二包」者。

《律例》稱「條」者，所指則非爲書籍的實物數量，而是其內容結構。《大明律例》爲汪宗元所輯，總 31 卷，有嘉靖三十二年（1553）江西布政使司刊本。該書前有五刑、獄具等圖，正文所集除洪武三十年（1397）的《大明律》及弘治十三年（1500）之後的歷年條例之外，「並將《皇明祖訓》、《大誥》（按：《前》、《續》、《三》三編）、《大明令》、《臥碑》、《憲綱》、《大明會典》等書中有關刑名之目載於律條之後，並設《集解》以爲詮釋。又有《續集》1 卷，錄《爲政規模節要論》、《六贓歌》、《金科玉律》等相關內容。趙用賢稱「八條」者，一指非爲全本，二示其存本當爲正文律例部分，而非《續集》各篇。

2. 詳細著錄了書籍的存佚全缺情況

此外，《趙定宇書目》對《稗統目錄》、《稗統續編》所收書籍的存佚全缺情況及補配之事做了一併著錄，記載了這些書籍於其時的面貌。如《稗統目錄》第五十一冊稱「缺」。《稗統續編》所收《名義考》、《寶刻叢編》、《皇明歷朝野史》等爲「不全」，《儒林翰墨節要便覽》爲「二本，少一本」，《歷代錢法》爲「欠下本」，諸如此類皆有記載，可知《稗統》三種歸於趙氏時即不爲全本。趙用賢除如實記錄書籍保存情況之外，又有以藏書補配其缺佚的情況。如《稗統》三百三十六冊《野記》「用刻本」，三百三十七冊《靖難記》「用抄本」者，皆爲趙用賢後補之書。

3. 著錄了同書異名的書籍

《趙定宇書目》有多處著錄了同書異名的情況。書同名不同的情況，除爲書坊刪改之外，很有可能是版本流變造成的。趙用賢的記載爲後世考證書籍版本提供了依據。如《稗統續編》著錄：

> 《香臺集》。即《吟堂詩話》。一本。

臺北故宮博物院藏抄本《香臺集》，署名瞿祐。其內容結構與瞿祐《吟堂詩話》完全相同，可知二者當爲一書。蕭相愷有《新發現瞿祐〈妙集吟堂詩話〉考索》一文，以《趙定宇書目》此條記載爲佐證，排除了「抄本《香臺集》是後人根據《吟堂詩話》抄錄而成，再附會上《香臺集》之名的可能」〔註 110〕。

〔註 110〕蕭相愷：《新發現瞿祐〈妙集吟堂詩話〉考索》，《中國古代小説考論編》，第 288 頁，南京：鳳凰出版社，2010 年。

又有著錄未當之處。如：

<blockquote>《筆法記》。一名《畫山水錄》。荊浩。</blockquote>

《筆法記》爲荊浩所作，《崇文總目》、《玉海》、《通志》等俱有記載。而《畫山水錄》的作者實爲吳恬。張彥遠《歷代名畫記》載「恬有《畫山水錄》，記平生所畫在絹素者凡百餘面」〔註111〕。《新唐書》載吳恬《畫山水錄》，稱「卷亡。恬一名玢，字建康，青州人」〔註112〕。《通志・藝文略》載「吳恬《畫山水錄》一卷」〔註113〕。王承略、劉心明二師主編之《二十五史藝文志經籍志考補萃編》於吳恬《畫山水錄》條後稱「《名畫錄》玢入能品」〔註114〕。則《畫山水錄》爲吳恬所作無疑。徐復觀認爲將《山水訣》與《畫山水錄》稱爲一書的做法始自周中孚《鄭堂讀書記》〔註115〕，則其不知周氏乃爲承襲前人之誤。

荊浩《筆法記》一書，《直齋書錄解題》作《山水受筆法》，《書畫傳習錄》作《記異》，惟王世貞稱「一名《畫山水錄》」〔註116〕，則爲混淆二書之始作俑者。趙用賢或因王氏之說。

4. 著錄了大量複本

《趙定宇書目》注重對不同版本的搜集，書目之中多錄複本，皆爲標識。如「經類」有：

<blockquote>《傳心錄》。一本。又抄白一本。</blockquote>

宋人張無垢橫浦著有《傳心錄》，述其性理之學。張無垢爲象山學之濫觴，《橫浦學案》特注「陸學之先」，以示學術淵源。

明人鍾庚陽撰《尚書主意傳心錄》，爲《尚書》學著述。該書有萬曆九年（1581）劉美刻後印本，六冊一函（按：參見《中國科學院圖書館藏中文古

〔註111〕（唐）張彥遠：《歷代名畫記》，第28頁，上海：上海人民每書出版社，1964年。

〔註112〕（北宋）歐陽修：《新唐書》，第286頁，北京：中華書局，1975年。

〔註113〕（南宋）鄭樵：《通志》卷六十九《藝文略第七》，北京：書目文獻出版社，2002年。

〔註114〕王承略、劉心明主編：《二十五史藝文志經籍志考補萃編》第十八卷，第280頁，北京：清華大學出版社，2014年。

〔註115〕按：徐復觀稱「……到了……《鄭堂讀書記》，不僅承《四庫全書總目》之誤，更謂『一名《畫山水錄》』，因而謂『一書而三名』」。《中國藝術精神・石濤之一研究》，第265頁。

〔註116〕（明）王世貞：《王氏畫苑》，明刊本。

籍善本書目》)。

後明末清初理學家李顒門生陸士楷撰有文學札記，亦名《傳心錄》，記李顒思想若干條。

趙用賢於隆慶五年（1571）進士，萬曆初任檢討，其藏書活動主要活躍於萬曆時期。《趙定宇書目》將理學諸書設「理樂書」類歸置，而將此書置於經類，故其所指或為鍾庚陽《尙書主意傳心錄》。趙氏既藏一本，而又手抄複本，對該書是甚為看重的。

《稗統續編》又著錄：

> 《一笑錄》。有雅俗二種。

《一笑錄》一書未見他書記載，就其歸於《稗統》推測，該書當為諧趣之屬。其「雅俗二種」者，或指其內容、或指其語言，惜無從考證。趙用賢於此處特別區分了「雅」、「俗」者，或為異書同名。

後明清之際有王欽豫字與謙者，亦著《一笑錄》，為仿陶淵明《五柳先生傳》之例所作的自傳，採用年譜形式記錄生平。該書見載於《明清之際溫州史料集》。

5. 著錄了豐富的版本類型

《趙定宇書目》著錄的版本種類很多，今略作統計如下（按：以舊抄本為例）：

版　　本		書　　籍	備　　註
單獨設類	內府板書	91 種	單獨設類
	宋板大字	54 種	單獨設類
	元板書	28 種	單獨設類
年代	元板	禮記注疏	經類
		刑統賦	「小說書」類
	宋板	無垢心傳錄	《稗統續編》
		寶刻叢編	
		蘆浦筆記	
		刊謬正俗	
		無垢心傳錄	
		寶刻叢編	
	宋刻	劉後村集	「宋人文集」類

	版　本	書　籍	備　註
地域	徽板	文選	「總文集」類
	蘇刻	高士傳	《稗統》目錄
	麻沙板	史記	「天字號・史書」類
字體	大字	唐柳文	「元板書」類
		黃槁大字史記	
	小	消夏部	《稗統續編》
	小字	文選	「宋板大字」類
板面規格	大板	通鑑	「宋板大字」類
		紀事本末	「元板書」類
		淳化帖釋文考異	《稗統續編》
	小本	效顰集	《稗統續編》
		辟寒部	
		瀛涯勝覽	
		花譜	
	袖珍板	晉安逸志	《稗統續編》
刻板時間	新板	太玄經	《稗統》目錄
抄本	抄白	易經	「經類」
		傳心錄	
		六經圖	「沈濱莊」
抄本	元抄	西齋畫記	《稗統續編》
	宋抄	道鄉危言錄	《稗統續編》
		文節公野史	
		鶴山渠陽讀書雜鈔	
	抄	127 種	《稗統續編》124 種

　　由該表統計可見，《趙定宇書目》在將「內府板書」、「宋板大字」、「元板書」單獨設類之外，又於各類之中著錄了多種版本類型。其中，有依刻書年代著錄者，如「元板」、「宋板」、「宋刻」、「元抄」、「宋抄」等，有依刻書地域著錄者，如「徽刻」、「蘇刻」、「麻沙板」，有依字體大小著錄者，如「大字」、「小字」、「小」，有依板面規格著錄者，如「大板」、「小本」、「袖珍板」，有依刻板時間著錄的，如「新板」。又有抄本百餘種，多集中於《稗統續編》之內。

　　其中，「宋板大字」54 種內混有「小字《文選》」1 種。元板《禮記注疏》很可能爲元十行。《刊謬正俗》即顏師古《匡謬正俗》爲避宋太祖諱而更名之本，宋板今已不存。該書爲訓詁名著，歷來爲學人推重。劉曉東老師有《匡謬正俗平議》一書，對顏氏原書做了深入而全面的考證，進一步提升了該書的學術價值。

　　就《趙定宇書目》對《稗統》三種的著錄體例推斷，筆者認爲，此三種或皆爲趙用賢所得之別家藏書（按：很有可能都是黃葵陽家藏）。這三類書籍歸於趙用賢之手時既有書、亦有目。趙用賢持目對書，一一查核，並將各書的面貌、數量、版本、附錄、同書異名等情況錄於各書之下（按：如《稗統目錄》第五十一冊「缺」，《稗統續編》內《歷代錢法》下稱「又名《泉史》。一本。抄。欠下本」等）。查核的過程中，趙用賢做過一些對校、配補的工作，並將這些工作的結果也做了記錄（按：校對工作如《稗統目錄》內《簡齋瑣綴錄》下稱「與刻本有異同」；《稗統續編》內《續夷堅志》下稱「舊板。八本，欠二卷、三卷一本。又一本，有異同」；《奇聞類紀》下稱「二本。此應入前類」等。配補工作如《稗統》三百三十六冊《野記》「用刻本」，三百三十七冊《靖難記》「用抄本」等）。

　　由這一推斷我們可以得到兩個結論。其一，趙用賢的確對《稗海》三種做了細緻的登錄、校核、配補工作，從而存其概貌。其二，《稗統續編》中著錄的大量抄本非爲趙用賢補入，很可能是黃葵陽的家藏。《韻石齋筆談》將黃葵陽藏書與宋濂、劉基並稱，可見其盛：「昭代藏書之家，亦時聚時散，不能悉考。就其藏書之富者，可以類推。時則有若宋文憲濂、劉誠意基、……黃葵陽洪憲……以上諸公，皆當世名儒，翶翔藝苑，含英咀華，尚論千古。所收典籍，縱未必有張茂先之三十乘、金樓子之八萬卷，然學海詞源，博綜有自，亦可見其插架之多矣。」〔註117〕《脈望館藏書目》著錄有「《黃葵陽家藏書目》一本」（按：《涵芬樓秘笈》本），曹寅《棟亭書目》卷一著錄有「《黃葵陽書目》。抄本，一冊」（按：《叢書集成續編》本）。黃氏藏書並藏書目後皆散佚，唯《趙定宇書目》存其一斑。《稗統續編》中抄本多達 124 種，又有宋板 6 種、大板 1 種、元抄 1 種、宋抄 3 種，則黃葵陽抄書之勤、藏書版本價值之高令人讚歎。

　　稱「抄白」者，爲抄錄之複本。既有一本而又抄錄複本，可見趙用賢對

〔註117〕 （清）姜紹書：《韻石齋筆談》卷上《名賢著述》，北京：中華書局，1985 年。

《易經》、《傳心錄》、《六經圖》三書是較爲重視的。

麻沙板爲福建建陽麻沙鎮書坊刻印的書籍。麻沙書坊極盛於南宋，刊書數量多、種類多、流通廣，但因坊主射利，故雕印粗陋，多有訛舛，而麻沙板遂成書板惡劣者之代稱。《晉安逸志》爲陳鳴鶴所撰之小說，全書已佚，零散篇章爲《榕陰新檢》、《才鬼記》、《廣豔異編》等書輯錄。《趙定宇書目》之外，《紅雨樓書目》、《千頃堂書目》亦有著錄。袖珍板亦多爲書坊射利而製，板式偏狹，字多差訛。陳鳴鶴爲閩縣人，此書或爲麻沙板。「小本」之謂與此類似。

一般來說，半頁十行以內者爲大字本，往往板框、紙幅、字體較爲疏闊，其刊印對象往往是正經、正史、名家集等價值較高的著作。如蜀刻《禮記》、《左傳集解》、《論語注疏》、《眉山七史》等，皆行疏字朗，雕印精工，墨色如漆。小字本是與大字本相對而言的，指宋元板書中行、字較爲細密者。趙用賢所藏宋元板大字、小字、大板、抄本等近 70 種，其「宋板大字」類中所收者或爲南宋紹興三年淮南路刻的《史記集解》。該本爲 9 行 16 字，注文雙行，行 21 或 22 字不等〔註 118〕。

《趙定宇書目》中著錄了如此多的版本類型，可見趙用賢的版本意識已經相當完善了。這些版本名稱的產生，同時也是嘉隆時期刻書日趨繁盛的直接結果。

6. 著錄了碑帖的字體

「碑帖‧宋」類著錄：

> 聖教序。沙門雲勝。八分書。

「碑帖‧北齊」類著錄：

> 武平碑。八分書。

八分書者，早期隸書中帶有明顯波磔特徵者，亦稱「分書」或「分隸」。由秦上谷散人王次仲始創，據稱乃是割捨程邈隸字之八分，取二分；割捨李斯小篆之二分，取八分，故名「八分書」。這種名稱見載於晉衛恆《四體書勢》：「鵠弟子毛弘教於秘書，今八分皆弘法也」〔註 119〕。後爲蔡邕簡化成漢隸流傳於世。趙用賢對字體的記載保存了碑帖的原始面貌，便於後人解讀。

〔註 118〕按：參見張新科、高益榮、高一農主編：《史記研究資料萃編》下冊，第 691頁，西安：三秦出版社，2011 年。

〔註 119〕（宋）王欽若：《冊府元龜》卷八百六十一《總錄部》，明刻初印本。

7. 採用了「互著」的編纂方法

《稗統目錄》第八冊《列仙傳》下稱「後一百八十八號有《列仙全傳》」。查核後文，則一百八十八冊無《列仙全傳》，而一百二十五冊有《列仙前傳》。《列仙全傳》爲明人王雲鵬自輯自刊而託言王世貞、李攀龍之書，收錄仙眞58人，記歷代事蹟不顯而流傳甚廣之神仙傳說。《列仙前傳》一書則未見記載，或爲《神仙全傳》之筆誤。此處的記載雖有訛舛之處，然其前後呼應的性質亦可視爲對互著法的運用。

8. 採用了合併著錄的方法

《趙定宇書目》中採取合併著錄的情況有兩種。其一，如《楊升庵書集目錄》：

> 《古音獵要》《古音略例》《古音字韻》。（仝一本）

其二，如《稗統續編》著錄：

> 《吳中故語》。《蓬軒吳記》。《馬氏日抄》。《紀善錄》。《橡曹名
> 臣錄》。《庚巳編》。《周文襄見鬼事》。《異林》。《語怪編》。《猥談》。
> 《高坡異纂》。《艾子後語》。《聽說》。（以上共十三種，共四本，即
> 《煙霞小說》）

這兩種情況雖皆爲合併著錄之例，但其性質實爲不同。前者爲將三書合併裝訂之意，而《煙霞小說》則爲一部叢書。趙用賢將叢書所收各書並舉，而於其後標注叢書之名。

在處理叢書、類書、全集等合訂之書的細目時，各家採用的方法不一。有的採用了先著錄叢書、合集等的總名，於其後詳列細目的辦法。以《澹生堂藏書目》爲例，該目於「詩編」的著錄中，採取了先列詩集名、後詳列該集所收各書之名。如：

> 《宋元名家詩集》四十冊。二百一十卷。潘是仁編。

> 《林和靖集》五卷。《唐子西集》七卷。《米元章集》五卷。……
> 《鄭允端集》一卷。

這樣的著錄方式尊重了合訂的事實，並兼顧了對讀者的尊重，從書目的整體面貌來看顯得邏輯較爲統一。

又有如趙用賢先羅列合訂各書、而後乃標識總名以示書籍淵源者。趙用賢對《煙霞小說》、《稗海大觀》、《革玄雜俎》等書的處理方法，與晁瑮《寶文堂書目》著錄《虞初志》時按篇著錄的做法類似，強調的是單篇的

故事（按：《寶文堂書目》）、單本的書籍（按：《趙定宇書目》）的內容。這
種做法使合訂之書的具體構造變得一目了然，既便於讀者瞭解書目，也便
於查找檢核。

五、《趙定宇書目》中反映出的趙用賢藏書特色

　　趙用賢藏書的特色之一乃是對話本、小說類書籍的偏重。其中，《趙定宇
書目》收錄了《稗統》244冊740種、《稗統後編》7種、《稗統續編》577種，
共計1324種筆記、小說、雜史、野乘，蔚為壯觀。《趙定宇書目》將《稗統》
單獨設類的著錄方式使後世之人得窺該書原貌，體現出趙用賢從實際出發、
兼容並蓄的目錄學思想。《稗統》本身即為罕見叢書，而其之內亦多稀見本。
如《稗統續編》著錄的《大同嫖院新談》一書即未見載於其他書目，該書「可
能就是《遊龍戲鳳》（《梅龍鎮》）故事出現的最早的形式」〔註120〕。《稗統》
三種之外，《趙定宇書目》又特設「小說書」類，著錄小說、筆記等書籍86
種〔註121〕。其中《稗海大觀》為《稗海》之初印本，極為難得。鄭振鐸曾得
明刊白棉紙本《稗海大觀》，將之與《稗海》後印本相校，則首冊多出「序」、
「凡例」及編校姓氏等資料，進而得知《稗海大觀》所收全為會稽鈕氏世學
樓藏書，而鈕緯為其「總校」，商濬、陳汝元為「分校」，故「各書或題濬校，
或題汝元校」〔註122〕等重要信息。《西諦書話》另收商濬《序》，可資參考。
此外，該目「詞」類著錄有「雜劇三本」、「《還帶記》一本」等，皆為雜劇，
可能是《脈望館鈔校古今雜劇》的內容來源。

　　趙用賢藏書的特色之二是收藏了大量的宋元舊板書及抄本。僅「內府板
書」、「宋板大字」、「元板書」三類已收錄174種，而各類之內亦多有舊本散
見。如「經類」的「元板《禮記注疏》十四本」、「宋人文集」類的「宋刻《劉
後村集》」等。此外，《趙定宇書目》中大凡抄本當皆著錄。如「抄白《易經》」、
「《傳心錄》一本。又抄白一本」、「《虎苑》一本，抄」等。其《稗統續編》
410種內，抄本占絕大多數。

　　此外，趙用賢亦注重對醫書及志書的收藏。《趙定宇書目》延續了《文淵

〔註120〕　《趙定宇書目・出版說明》，《趙定宇書目》，第4頁，上海：上海古籍出版社，
　　　　　　2005年。
〔註121〕　按：上圖本中「佛書」類中亦有小說類書籍200種。
〔註122〕　鄭振鐸：《西諦書話》，北京：生活・讀書・新知三聯書店，1983年，第306
　　　　　　頁。

閣書目》的傳統，將志書單獨設類，收錄 25 種〔註 123〕。「沈濱莊」類中亦有
《太僕寺志》、《京口三山志》等名勝志、山志 73 種，可知沈氏對志書的重視。
醫書方面，《趙定宇書目》除設「醫家書」類著錄 23 種外〔註 124〕，其他各類
之中亦有醫書散見。如「雜目」類中之「《痘疹傳心錄》六本」，「宋板大字」
類中之《千金要方》、《十便良方》，「元板書」類中之《木草元命苞》、《養生
雜纂》等。明代方志與醫書纂修皆成風氣，成果眾多，蔚爲壯觀。這一特色
可以通過諸家書目的收錄情況反映出來。

六、《趙定宇書目》對《脈望館藏書目》的影響──兼議高穀諡號

　　《趙定宇書目》對《脈望館藏書目》的影響主要體現在書目的分類體系
與著錄內容之中。趙用賢編目時對千字文的運用、對版本的強調、對書籍原
始面貌的尊重等皆爲趙琦美繼承並予以完善。《脈望館藏書目》成熟運用了千
字文編號，在尊重四部傳統的基礎上強調了善本，並於類目之內再細分子目。
《脈望館藏書目》於分類方面的種種處理方式，較之《趙定宇書目》大而化
之的分類方法而言顯得更爲細緻精確。然而，《脈望館藏書目》的這種分類方
式勢必打破《趙定宇書目》完整保留的叢書以及各家藏書的原始面貌，而將
各家書籍依自身屬性歸置四部。如《稗統》第一冊之《竹書紀年》，爲《脈望
館藏書目》收入「史部・霸史僞史」類，第二冊之《山海經》被收入「史部・
總志」類等，失去了叢書的原本面貌，略顯遺憾。

　　值得慶幸的是，趙氏父子藏書一脈相承，雖類目設置有所調整，而藏錄
的書籍則大致保留下來。《脈望館藏書目》所稱「老爺批點《前漢書》」、「老
爺批點《選詩補注》」等書皆爲趙用賢舊藏批點本。《趙定宇書目》中的「沈
濱莊」、《稗統》三種收錄的內容等亦大多散入《脈望館藏書目》的四部之中，
唯楊慎著述目錄爲《脈望館藏書目》保留爲「升菴」類，且續增了若干種。

　　需要指出的是，《趙定宇書目》著錄有《高文毅公家藏書目》一本，乃未
見於他書載錄者。

　　永樂間有大學士高穀，字世用，揚州興化人。永樂十三年（1415）選庶
吉士，授中書舍人，後爲楊士奇薦侍講讀（按：同晉講讀者尙有馬愉、曹鼐、

〔註 123〕按：上圖本中「佛書」類亦有《太平寰宇記》、《彰德府志》等地志類書籍 41
　　　　　種。
〔註 124〕按：上圖本中「佛書」類中亦有醫書 76 種，總 99 種。

苗衷三人）。正統十年（1445）入內閣，官至東閣大學士，天順四年（1460）卒。《明史》有傳。

高穀謚號何字，世有異議。《國朝列卿紀》稱「文毅」〔註125〕。《千頃堂書目》載高穀別集，亦稱「《高文毅公集》」〔註126〕。而《明史》〔註127〕、《續藏書》〔註128〕、《續文獻通考》〔註129〕等皆稱「文義」。此外，（嘉靖）《惟（維）揚志》卷九有「高文義墓，興化北一十五里」〔註130〕的記載。民國間楊鍾義《雪橋詩話》亦有「《泰州志》時稱精贍。《過高文義公墓》詩清雅可誦」〔註131〕的記載。則「文毅」、「文義」二號真假難辨。

明人朱國楨《湧幢小品》對高穀謚號有所考辨，稱：

> 揚州興化縣高閣老穀卒而賜謚，閣本、禮部本及《通紀》諸書，皆書「文義」，《列卿傳》作「文毅」。余嘗見《高文集》十二卷，乃宗子相校刻者，甚精好，稱《高文懿集》。不獨票籤爲然，葉葉中間細字皆如之。宗與其子孫必無誤，可見諸書皆謬。〔註132〕

吳寬《匏翁家藏集》有「嘗至京師，高文懿公以鄉里故，與語奇之文」〔註133〕的記載。趙琦美《脈望館書目》集部著錄有《高文懿公集》四本，不著作者。朱睦㮮《萬卷堂書目》著錄有《高文懿公集》十卷，且明謂「高穀」，正可與朱國楨之言相證。則高穀謚號當爲「文懿」不謬。「文毅」、「文義」二號訛傳甚廣，諸家方志、正史皆記載失誤，則《高文懿公集》刻成之後當流傳未廣。晚明時朱國楨所見之本，堪稱珍稀。《高文懿公集》今或不傳，則該集之內是否有高穀《家藏書目》之事，暫不得知。

《趙定宇書目》之後，《脈望館藏書目》不載《高文毅公家藏書目》，但

〔註125〕按：《國朝列卿紀》卷九稱「高文毅奏，禮宜從厚」，卷三十四稱「高文毅公穀」等。

〔註126〕（清）黃虞稷：《千頃堂書目》，第484頁，潘景鄭整理本，上海：上海古籍出版社，1990年。

〔註127〕（清）張廷玉：《明史》卷一百六十九，第4534頁，北京：中華書局，1974年。

〔註128〕按：《續藏書》卷十有「太保高文義公」條；卷十九有「上命高文義公覆試」等。

〔註129〕按：《續文獻通考》卷一百八十八有「高文義穀」條。

〔註130〕（明）盛儀：《惟揚志》卷七，明嘉靖刻本。

〔註131〕楊鍾義：《雪橋詩話餘集》卷一，《求恕齋叢書》本。

〔註132〕（明）朱國楨：《湧幢小品》卷三，明天啓二年（1622）刻本。

〔註133〕（明）吳寬：《家藏集》卷第六十一，《四部叢刊》影明正德本。

有《商文毅公家藏書目》一本。此外，其集部又載《商文毅公集》一種，爲四本。

商文毅公者，乃正統間大學士商輅。商輅，字弘載，淳安人，正統間舉士，成化十三年（1477）晉謹身殿大學士，因汪直事請辭。卒贈太傅，諡文毅。《明史》有傳。

《商文毅公家藏書目》未見載於《商文毅公集》（按：萬曆三十年劉體元刻本），亦未見載於別家著述（按：張雷、李豔秋《明代私家藏書目錄考略》一文稱《也是園書目》亦著錄此目〔註134〕。查《玉簡齋叢書》本與咫進齋抄本《也是園書目》二種，皆未著錄《商文毅公家藏書目》。不知張文所據爲何）。

可以確定的是，無論是《高文毅（懿）公家藏書目》抑或《商文毅公家藏書目》，今皆亡佚。趙氏父子書目中的記載或爲其留存於世的唯一線索。

第五節　趙琦美《脈望館藏書目》

一、對《脈望館藏書目》作者的考辨

一般來說，學界皆稱《脈望館藏書目》的編著者爲趙琦美。《虞山錢遵王藏書目錄彙編》著錄「趙玄度《脈望館藏書目》八卷」〔註135〕，江標《黃蕘圃先生年譜》稱「趙（琦美）有《脈望館藏書目》」〔註136〕。

趙琦美（1563～1624），原名開美，字仲朗，一字如白，號玄度，又號清常道人，常熟人，趙用賢之子，官至刑部郎中。琦美卓然好古，精於校讎刊刻，據來新夏考證，趙琦美曾因所藏《洛陽伽藍記》版本較差，便從陳錫玄、秦酉岩、顧寧宇、孫蘭公處購得 4 家抄本，改正了刻本中 488 處錯字和增 320 個脫漏的字。幾年後，又於燕山龍驤邸中再改正 50 多個錯字，前後歷八載，始爲完書。又曾購得李誡《營造法式》殘帙，缺 10 多卷，經過他 20 多年的搜集，補齊了全書；並不惜以 50 千錢高價請繪圖師重新繪製插圖〔註137〕。後

〔註134〕按：參見張雷、李豔秋：《明代私家書目錄考略》一文，《書目季刊》第三十三卷第一期，第 30 頁。

〔註135〕（清）錢曾著，瞿鳳起編：《虞山錢遵王藏書目錄彙編》第三卷《史部・總目》，上海：上海古籍出版社，2005 年。

〔註136〕（清）江標：《黃蕘圃先生年譜》卷上，清光緒長沙使院刻本。

〔註137〕按：參見來新夏：《常熟藏書首脈望》一文，《江蘇地方志》1998 年第 1 期。

從秦四麟家得到書品、畫品數卷，參以所見真跡輯成《鐵網珊瑚》。趙琦美抄校並收藏有《脈望館抄校古今雜劇》，所收均為元明雜劇，達 340 種之多。錢曾《讀書敏求記》亦稱：「《勞山仙跡詩》一卷，丘長春詩三十餘首，王重陽、馬丹陽、劉朗然各數首。是集人間絕少，萬曆乙卯，趙清常借柏臺靖恭堂本繕寫」〔註138〕，「《東皋子集》三卷，呂才仲英鳩訪無功遺文，輯成一書，其集今世罕傳。清常道人從金陵焦太史本錄出」〔註139〕。趙琦美往往以其父校勘之本為母本，再加校訂後刊刻。至今能見者有《新唐書糾謬》、《周髀算經》、《酉陽雜俎》、《仇池筆記》、《東坡志林》等。琦美篤志訪書校勘之舉，為錢謙益贊曰「近古所未有」〔註140〕。

然而，在《脈望館藏書目》的書目登錄中，出現有「老老爺」、「老爺」、「大官人」、「二官人」的稱呼：

宇字號‧編年門：

老老爺手摘抄《綱目》十二本。

收字號‧集‧唐人詩集

《韓文》六本。甲。老爺批點。

調字號‧墨刻

《九蓮化生圖》一幅。大官人收。

《一葦渡江》一幅。二官人收。

《彌勒》一幅。二官人收。

孫毓修據此認為《脈望館藏書目》「當出於趙氏門僕之手」，稱「大官人即清常，二官人謂際美」，並列舉各藏書家童僕盡能抄書之事以佐證之：「舊藏抄本《傳是樓書目》亦有『太老爺』之稱，毛子晉家僮盡能抄書，清門舊族即僕隸亦皆能文，黃蕘圃家之張泰又不足奇矣。」〔註141〕

然除此之外，《脈望館藏書目》中另有「四十一年十一月十二日兩兒於常州帶歸續增書」一類。此時趙用賢已過世多年，既稱「兩兒」，則作者當為琦

〔註138〕（清）錢曾：《讀書敏求記》卷二《地理輿圖》，北京：書目文獻出版社，1984年。

〔註139〕（清）錢曾：《讀書敏求記》卷第四《集》，北京：書目文獻出版社，1984年。

〔註140〕（清）錢謙益：《趙郎中墓表》，《錢牧齋全集》三，第1537頁，上海：上海古籍出版社，2003年。

〔註141〕孫毓修：《清千墨菴抄本〈脈望館書目〉跋》，《涵芬樓秘笈》第六集，北京：北京圖書館出版社，2002年。

美。故而筆者認爲《脈望館藏書目》應爲趙琦美親自編定框架體例，而後的具體整書、登錄事宜或爲其門僕所爲。這樣做從實際的操作層面推斷也比較符合常情。近人孫楷第亦持類似觀點，詳可參見《也是園古今雜劇考》一書。

　　該目呂字號有「萬曆四十一年九月廿六日續增未分經史子集書目」、「四十一年十一月十二日兩兒於常州帶歸續增書」、「本年十一月廿日衛奎帶歸」3類，皆爲書目編成後續收入之書，或爲趙琦美未及分類而直接登錄於內、以待來日者。由此亦可知《脈望館藏書目》的初稿於萬曆四十一年九月廿六日之前業已經撰成。

二、《脈望館藏書目》的版本

（一）清嘉慶七年（1802）黃氏士禮居抄本。清黃丕烈跋並校，不分卷，一冊，十一行無格。國圖。

（二）清抄本。內有清人劉喜海跋，不分卷，二冊，十一行無格。國圖。

（三）清勞氏丹鉛精舍抄本。存三卷（經、史、子），清勞權校，四卷，二冊，十四行，白口，四周單邊。國圖。

（四）一卷，《玉簡齋叢書》之一。

（五）影印舊抄本，不分卷。《涵芬樓秘笈》之一。《宋元明清書目題跋叢刊》據以影印。

三、《脈望館藏書目》的編纂體例

　　《涵芬樓秘笈》本《脈望館藏書目》半頁十行，前有《脈望館書櫥字號總目》，以千字文結合書櫥方位爲序〔註142〕，分經、史、子、集、舊板書、碑帖、續增書7大部分，著錄書籍4760種〔註143〕。該目自「天字號」始，至「調字號」止，共分30櫥〔註144〕，其中，「天字號」與「地字號」2櫥爲經部，著錄書籍317種；「玄字號」至「盈字號」9櫥爲史部，著錄書籍1417種；「昃

〔註142〕按：其《脈望館書廚字號總目》中標注書櫥方位，然正文中不作標注，乃明代書目趨於規範化、學術化的重要標誌。

〔註143〕按：此數目爲該目所著錄之總和，但「調字號·續添」一類55種，中書籍僅22種，其餘33種則爲墨、硯等物，若排除在外，則總著錄書籍數目爲4727種。

〔註144〕按：其《總目》所列之「成字號·後書房西廂下朝東廚·佛經」一類於正文中無，故不計入內。

字號」至「暑字號」8 櫥爲子部,著錄書籍 1553 種;「往字號」至「閏字號」6 櫥爲集部,著錄書籍 869 種;「餘字號」、「歲字號」、「律字號」3 櫥著錄舊板書 240 種;「呂字號」著錄碑帖與續增書 248 種;「調字號」著錄畫、墨刻、續添物等 116 種〔註145〕。

《脈望館藏書目》雖無解題,但著錄內容十分全面。該目著錄書名、數量,間或著錄書籍的作者、版本、內容結構、外借情況、全缺情況、校訂情況、同名書、收錄時間、抄配情況、紙色、字體等,偶有點評。另外,「不全舊宋元板書」類的「史」、「集」部分甚至詳細至卷、頁,如「宋板《史記》三本。存一卷之(至)七卷,三十一之(至)三十四卷」等,著錄尤詳。孫毓修稱此舉「實開近世著錄殘宋元本之先例」〔註146〕。可見趙琦美對宋元舊板書的價值已有較爲深刻的認識。

《脈望館藏書目》的具體類目設置及各類著錄數量詳見下表:

部　　類	千字文分櫥	二級類目	三級類目	備註
經 317	天字號・後書房西間朝西大廚 7 類 190 種	經書總類(以上甲集)(13 種)		
		又石刻十三經(以上乙集)(13 種)		
		北監板十三經注解(14 種)		
		又總類(44 種)		
		易(78 種)		
		尚書(17 種)		
		毛詩(11 種)		
	地字號・後書房西間朝東紅廚 14 類 127 種	春秋左氏(39 種)		
		春秋公羊氏(2 種)		
		穀梁(5 種)		
		春秋胡氏(3 種)		

〔註145〕按:其中書畫作品 83 種。
〔註146〕孫毓修:《清千墨菴抄本〈脈望館書目〉跋》,《涵芬樓秘笈》第六集,北京:北京圖書館出版社,2002 年。

部　類	千字文分櫥	二級類目	三級類目	備註
		禮記（16 種）		
		周禮（13 種）		
		儀禮（4 種）		
		大學（9 種）		
		中庸（4 種）		
		論語（6 種）		
		孟子（5 種）		
		四書（6 種）		
		孝經（6 種）		
		爾雅（9 種）		
史 1417	玄字號 34	正史 34		
	黃字號・與上同後書房西間朝東大廚 3 類 79 種	雜史（39 種）		
		職官（16 種）		
		起居注（24 種）		
史 1417	宇字號・後書房西間朝西大廚 4 類 174 種	編年門 24		
		史評 29		
		傳記 96		
		僞史霸史 25		
	宙字號・前廳後東兩面廚朝東 3 類 238 種	總志 23		
		河 19		
		（南直）196	南直總志 12	
			南直 31	
			蘇州府 38	
			松江府 5	
			常州府 12	
			鎮江府 8	
			廬州府 8	
			鳳陽府 20	
			寧國府 4	
			徽州府 5	

部　類	千字文分櫥	二級類目	三級類目	備註
			池州府 8	
			太平府 5	
			淮安府 5	
			揚州府 19	
			安慶府 4	
			徐州 6	
			和州 2	
			塗州 4	
	洪字號・前廳後東兩面櫥朝西 6 類 142 種	（北直）83	北直 28	
			保定府 11	
			永平府 6 種	
			河間府 8	
史 1417			眞定府 7	
			順德府 3	
			廣平府 8	
			大名府 12	
		南京各衙門志 7		
		北京 15		
		北九邊 15		
		南九邊 6 種		
		外夷 16		
	荒字號・前廳前朝西黑大櫥 9 類 300 種	聖製 5		
		吏部 4		
		戶部 7		
		禮部 39		
		兵部 39		
		刑部 10		
		工部 3		
		詞類・集 132		
		升菴 61		
	日字號・前廳前	（山東）68	山東總志 6	

部　　類	千字文分櫥	二級類目	三級類目	備註
	朝東四扇門廚 6 類 219 種		濟南府 17	
			兗州府 24	
			東昌府 11	
			青州府 1	
			登州府 2	
			萊州府 7	
		（山西）31	山西通志 2	
			太原府 4	
			平陽府 10	
史 1417			潞安州 7	
			大同府 3	
			宣府 1	
			汾州 4	
		（河南）55	河南總志 17	
			歸德府 4	
			彰德府 4	
			衛輝府 6	
			懷慶府 3	
			河南府 13	
			汝寧府 5	
			汝州 1	
			南陽府 2	
		（陝西）36	陝西總志 10	
			西安府 18	
			漢中府 8	
		（四川）22	四川總志 6	
			成都府 4	
			保寧府 2	
			重慶府 3	
			夔州府 2	
			潼川州 1	

部　類	千字文分櫥	二級類目	三級類目	備註
			嘉定州 1	
			眉州 3	
		雲南 3		
		（貴州）7	貴州 5	
			鎮遠府 1	
			思州府 1	
史 1417	月字號・前廳前朝西黃廚 4 類 118 種	（福建）30	福建 5	
			福州府 3	
			泉州府 5	
			興化府 3	
			福寧州 1	
			邵武府 6	
			建寧府 7	
		（廣東）27	廣東 1	
			廣州府 7	
			南雄府 1	
			韶州府 3	
			惠州府 4	
			潮州府 2	
			肇慶府 8	
			高州府 1	
		（廣西）11	廣西 4	
			金州 1	
			平樂府 2	
			梧州府 1	
			慶遠府 1	
			南寧府 1	
			思恩府 1	
		（湖廣）50	湖廣 5	
			武昌府 2	
			黃州府 4	

部　類	千字文分櫥	二級類目	三級類目	備註
			鄖陽府 1	
			承天府 7	
			漢陽府 1	
史 1417			德安府 5	
			荊州府 1	
			岳州府 4	
			長沙府 4	
			寶慶府 3	
			辰州府 1	
			常德府 1	
			衡州府 4	
			永州府 7	
	盈字號・前廳前朝東黃廚 2 類 113 種	（江西）45	江西 4	
			南昌府 4	
			饒州府 3	
			南康府 4	
			九江府 4	
			廣信府 2	
			撫州府 1	
			吉安府 6	
			建昌府 2	
			臨江府 3	
			素州府 2	
			贛州府 1	
			南安州 1	
			延平府 3	
			汀州府 2	
			漳州府 3	
		（浙江）68	浙江 8	
			杭州府 5	
			嘉興府 5	

部　類	千字文分櫥	二級類目	三級類目	備註
史 1417			湖州府 5	
			寧波府 5	
			紹興府 8	
			台州府 5	
			金華府 6	
			衢州府 2	
			嚴州府 5	
			溫州府 10	
			處州府 4	
子 1553	昃字號・後書房東間朝東紅廚 9 類 214 種	總子 5		
		儒家 128		
		雜家 32		
		名家 1		
		墨家 1		
		兵家 5		
		法家 7		
		縱橫家 5		
		道家 30		
	辰字號・後書房東間朝西紅廚 15 類 256 種	醫總門 87		
		本草門 16		
		素問門 18		
		脈訣門 15		
		傷寒門 16		
		小兒科 28		
		針灸門 16		
		外科 7		
		養生門 33		
		女科 7		

部　類	千字文分櫥	二級類目	三級類目	備註
		眼科 5		
		風科 1		
		祝由科 4		
		按摩科 2		
		醫馬門 1		
	宿字號 1 類 51 種	類書		
	列字號・與上同 後書房東間朝西 紅櫥 2 類 78 種	類書 27		
		元人文集 51		
子 1553	張字號・後書房 西間朝南四扇門 櫥 18 類 385 種	佛家 112		
		仙家 121		
		地理 28		
		算數 11		
		太乙局 11		
		六壬 6		
		奇門 5		
		龜卜 7		
		風鑒 9		
		易數 25		
		圍棋 7		
		象碁 5		
		琴 5		
		星命 10		
		大定數 1		
		演禽數 1		
		選擇 7		
		雜術 14		

部　類	千字文分櫥	二級類目	三級類目	備註
子 1553	寒字號‧後書房東間朝西黃櫥 3 類 143 種	小學 123		
		書畫 9		
		書目圖籍 11		
	來字號	小說類 197		
	暑字號‧與上同後書房後西廂朝南櫥 5 類 220 種	小說 179		
		樂 14		
		大西人著述 9		
		曆家 7		
		譜牒 11		
集 869	往字號‧前廳書房內四扇門櫥 2 類 81 種	奏議門 62		
		經濟總門 19		
	秋字號 5 類 113 種	總文 23		
		總詩 22		
		漢魏六朝文集 35		
		四六 9		
		詩話 24		
	收字號‧與上同後書房東間朝西紅櫥 1 類 172 種	唐人詩集		
	冬字號‧後書房東間朝南黑櫥 1 類 135 種	宋人文集		
	藏字號 1 類 166 種	本朝文集		
	閏字號‧與上同前廳後西兩面櫥東西 1 類 202 種	本朝文集		

部　類	千字文分櫥	二級類目	三級類目	備註
舊板書 117	餘字號・後書房正間內舊廚	不全宋元舊板書	經 13	
			史 78	
			集 26	
佛經	成字號・後書房西廂下朝東廚	佛經		《脈望館書目總目》中著錄，但正文不見。
舊板書 40	歲字號 1 類 40 種	舊板書	類 12	
			史 28	
舊板書 83	律字號・與上同後書房正間花廚 6 類 83 種	舊板書	子 13	
			集 45	
			小學 6	
			醫類 3	
			佛家 11	
			仙家 5	
碑帖、舊板書 248	呂字號・後書房 4 類 248 種	碑帖 149	唐 44	
			禹 1	
			漢 2	
			後漢 2	
			宋周 31	
			周 1	
			晉 5	
			北齊 1	
			秦 1	
			金 3	
			吳 1	
			元 8	
			本朝 4	
			雜 45	

部　類	千字文分櫥	二級類目	三級類目	備註
碑帖、舊板書 248		萬曆四十一年九月廿六日續增未分經史子集書目 76		
		四十一年十一月十二日兩兒於常州帶歸續增書 14		
		本年十一月廿日衛奎帶歸 9		
畫、墨刻、續添物 116〔註147〕	調字號・後書房 3 類 116 種〔註148〕	畫 38		
		墨刻 23		
		續添 55〔註149〕		
7 部	30 櫥 4760 種〔註150〕			總　計

四、《脈望館藏書目》的著錄特色

（一）對藏書面貌的保存

　　首先，《脈望館藏書目》於著錄中採用了多種計量單位。《脈望館藏書目》不著錄卷數（按：同《趙定宇書目》），以本、套、冊、捆、束、包等計量單位著錄書籍數量，反映出藏書的原始面貌。如「《石刻易經》四本，一套」、「《仁廟御札》一冊」、「《祥義書》十本。又一捆」、「宋板《魏書》一束」、「《啓答會元》一包」等。由這些描述性量詞我們可以大概知道，石刻《易經》四本爲一套（函）。而《祥義書》有稱「本」者，是爲冊裝；又稱「一捆」，則或爲散佚殘本、暫且捆紮擱置者。《魏書》稱「一束」者，或同「一捆」之意。《啓答會元》稱「包」，則爲袱包所盛者。

〔註147〕按：其中書畫作品 83 種。

〔註148〕按：實爲 83 種。

〔註149〕按：其中書籍 22 種，雜物 33 種。

〔註150〕按：此數目爲該目所著錄之總和，但「調字號・續添」一類 55 種，中書籍僅 22 種，其餘 33 種則爲墨、硯等物，若排除在外，則總著錄書籍數目爲 4727 種。

　　再者，《脈望館藏書目》中保存了對書目的抄配、校訂及清點情況。《脈望館藏書目》是在清查家傳藏書的基礎上編製而成的。《趙定宇書目》大多僅著錄書名，而《脈望館藏書目》則並將清查、抄補概況於書名之後詳加著錄，不僅體現了家藏書目的帳簿式登記特徵，更反映出家藏書籍的傳承。

　　其中，有記書籍的數量、裝訂情況、缺損、脫頁、蟲蛀等情況者。如元麻沙板《史記》「十二本。乙。未訂」；棉紙蘇板《左傳》「十四本。內少八九二卷」；監本《史記》「三十本。頭本破」；《徐常侍集》「四本。一卷脫十九號至尾。十卷脫十四號又十九號至尾」；宋板《南史》「缺數。本紀。二卷。欠第一頁。三卷。四五。四卷。缺。六卷。少第一頁。……存五十五本」；《資治通鑑》「……三卷之九卷有蛀板，大要換」等。又有記外借之書，如《詩演義》「二本。下本在海鹽關家」；《本朝琬琰錄》「七十本。馬仲良借」；「《太祖實錄》二十本……《武宗實錄》十八本。自太祖至，並錢受之借」等。又記抄配情況，如《禮記注疏》「六本。《曲禮》之《檀方上》配」。又記紙色，如《宋諸臣奏議》「廿四本。四套。內五十九卷起至六十五卷配本紙色不對」。又記重本，如「《□吳集》三本。重四卷之七卷」。

　　按時清點藏書並記錄其保存情況是非常有必要的。書籍難聚易散，自為常理，其傳藏是對天時地利人和的共同要求。祁承㸁即與兒輩有約，「書目每五年一為編輯」，「無者增、缺者補、蟲者理」〔註151〕。貯藏書籍的環境要求避光、通風、乾燥，又需防火、防水、防蟲、防盜，更要定期曝曬、翻檢、除塵。對閱讀、取置、蟲蛀等造成的破損要即時修補，章編脫散要盡快裝訂，外借之書要隨時登記，閱讀之後需當歸置原位等，都是藏書過程中必須注意的細節。《脈望館藏書目》中著錄存佚全缺情況的書籍基本皆為趙用賢舊藏。《趙定宇書目》往往只著錄書名，如「《史記》」、「《春秋左傳》」、「《南史》」等，對這些書籍的保存面貌並無反映。《脈望館藏書目》將其一一清檢登記，既保存了藏書的原始面貌，又可藉以瞭解趙氏藏書的流傳情況，是考證藏書史的重要資料。

（二）對版本的著錄——兼議趙琦美的版本意識

　　首先，《脈望館藏書目》著錄有較多數量的複本，體現了趙琦美對版本差異的重視。該目在著錄複本時採用的著錄體例不一。對不同版本者，有重複

〔註151〕（明）祁承㸁：《庚申整書小記》，《經籍會通（外四種）》，第 86 頁，北京：北京燕山出版社，1999 年。

著錄書名、於其後以「甲」、「乙」標識的情況：

又總類：

> 《兩蘇經解》十二本。甲。《兩蘇經解》十二本。乙。

有不重複著錄書名，以「又一本」、「甲」、「乙」字樣代替者：

易：

> 《三墳》一本。甲。又一本。乙。

春秋左氏：

> 《春秋繁露》二本。又二本。

亦有分別標明版本者：

小說類：

> 《桯史》。甲。元板。二本。乙。二本。元修宋刻。又一本。丙。

對相同版本則著錄爲「同」：

小說類：

> 《眞珠船》二本。又二本。同。

其次，《脈望館藏書目》中保存了珍貴的版本線索。該目的「餘字號」、「歲字號」、「律字號」3 櫥著錄舊板書共 240 種。其中，「餘字號」分經、史、集 3 類著錄「不全舊宋元板書」117 種。「歲字號」分經類、史 2 類，著錄舊板書 40 種。「律字號」分子、集、小學、醫類、佛家、仙家 6 類，著錄舊板書 83 種。此外，該目「碑帖」類中，明代之前的碑帖有 100 種。該目所載「珍本、孤本達 10 餘種」，「所藏宋版圖書有近百種，元版圖書 30 餘種」〔註 152〕。

「小說類」著錄「《天寶藏書》三本」。《天寶藏書》爲明宗室朱謀瑋輯刻的自選集。《天寶藏書》之名見載於《增訂四庫簡明目錄標注》、《書目答問斠補》等，其他諸家則少見著錄。《天寶藏書》外，朱謀瑋另有著述總目《天寶藏書目錄》，收錄一百六種。二種皆少傳本，而名稱相近，故後世多有誤認《天寶藏書目錄》爲《天寶藏書》之目錄、進而稱《天寶藏書》所收「百餘種」〔註 153〕者。筆者對《天寶藏書》及《天寶藏書目》作有簡要考證，詳見「《澹生堂藏書目》」部分。

〔註 152〕李玉安、黃正雨編著：《中國藏書家通典》，第 276 頁，香港：中國國際文化出版社，2005 年。

〔註 153〕中國書畫全書編纂委員會編：《中國書畫全書》第四冊，第 492 頁，上海：上海書畫出版社，2000 年。

　　「書目圖籍」類中有《黃葵陽家藏書目》一種，爲黃洪憲家藏書目存世的最早記錄。又有《商文毅公家藏書目》，或爲商輅家藏書目。該目或爲《趙定宇書目》著錄爲《高文毅公家藏書目》〔註154〕。然書目俱佚，且未見載於各家著錄，恐不可考。

　　此外，趙琦美注重對某些特殊版本的著錄。《脈望館藏書目》著錄的版本類型多達二十餘種。今略爲舉例論述如下：

版本	舉例	備註
大板、宋大板、宋大監板	不全舊宋元板書・史： 宋大板《史記集解》四十一本。 宋大監板《後漢書》一捆。 大板《前漢書》一捆。	
宋中板、宋板中樣	不全舊宋元板書・經： 宋中板《詩經鄭箋》三本。 不全舊宋元板書・史： 中板《五代史》。 萬曆四十一年九月廿六日續增未分經史子集書目 宋板中樣《史記》七本。	
小板	唐人詩集： 小板《李詩》八本。 不全舊宋元板書・史： 宋小板《史記》十三本。	
大字本	不全舊宋元板書・集： 七行大字《韓文》。	《朱文公校昌黎先生文集》
宋板、宋刻、宋拓、宋板元修、翻刻宋板	史類・正史門： 宋板元修《前漢書》五十本。 宋板元修《後漢書》五十本。 《晉書》六十本。崑山翻宋板。刻。 萬曆四十一年九月廿六日續增未分經史子集書目 宋板中樣《史記》七本。 宋板《翰苑新書別集》四本。 宋刻《古賦準繩》一本。 本年十一月廿日衛奎帶歸： 宋拓《九成宮帖》一本。	

〔註154〕按：詳情參見「《趙定宇書目》」部分的論述。

版本	舉　例	備註
活板	唐人詩集： 活板《初・盛・中唐詩》十一本。	即活字板
元板	爾雅： 元板《爾雅》一本。 不全舊宋元板書・史： 元板黃檗大字《史記》四十六本。	
石刻本	經書・總類： 石刻《易經》四本。一套。 又石刻十三經： 《易經》四本。一套。	
北監板、南監本	北監板十三經注疏： 《易經注疏》六本。一套。 《書經注疏》八本。一套。 史類・正史門： 南監本《宋書》二十本。 南監本《陳書》八本。	
內板	編年門： 內板《貞觀政要》三本。	
棉紙本	又總類： 棉紙《六經圖》三本。甲。	
抄本	又總類： 《六經圖》一本。乙。抄。 論語： 高麗國抄本何晏《論語集解》五本。	
批點本	周禮： 批點《考工記》二本。 史類・正史門 批點過監本《三國志》八本。 唐人詩集： 劉須溪批點《孟浩然詩》一本。 唐人詩集 《韓文》六本。甲。老爺批點。	

版　本	舉　　　　例	備　註
古本、改本	大學： 古本《大學》明道改本《大學》伊川改本《大學》晦庵改本《大學》共一本。 詞類·集： 古本《西廂》一本。	
巾箱本、成化年板	春秋左氏： 巾箱《胡傳》六本。成化年板。 大學 巾箱《大學》一本。	
麻沙板、福建板	史類·正史門： 麻沙板《史記》十五本。甲。頭本配福建板。 元麻沙板《史記》十二本。乙。未訂。 不全舊宋元板書： 麻沙板《五代史》。	麻沙板亦爲福建板的一種。以福建板配補麻沙板，取其板式體例相差不大之意。
白口板	宋人文集： 白口板《蘇文》三十本。	
新板	類書： 《群書備數》二本。又二本。乙。新板。	
舊板	唐人詩集： 舊板《百家唐詩》十四本。	
袁家板	總文： 《文選》三十本。二套。袁家板。	袁褧翻宋版

　　明代中後期，宋本書逐漸爲學人所重，翻宋刻亦大量問世。趙琦美於書目中將宋刻、翻宋刻皆一一著錄，便是這種時代風氣的體現。

　　其中，宋板七行大字《韓文》者或爲《朱文公校昌黎先生集》。《藏園群書經眼錄》著錄宋紹定六年（1233）臨江軍學刊本：「宋刊宋印本，半頁七行，行十五字，注雙行同，白口，左右雙欄，板心上記字數，下記人名，有蔡章、蔡玨、劉舉等字。字大如錢，結體峻整，刻工精湛，爲各家藏目所無。」〔註155〕又有蜀刻大字本，「二冊，半頁七行，行十五字」〔註156〕。

〔註155〕傅增湘：《藏園群書經眼錄》卷十二《集部一》，第1059頁，北京：中華書局，1983年。
〔註156〕《韓愈研究資料彙編》，第41頁，汕頭：汕頭大學中文系，1986年。

又有崑山翻刻的宋板《晉書》一種。《晉書》在明代有南北監刻本，又有「明翻宋刻九行大字本。桂林唐子實有仿宋寶祐刊本，九行，每行十四字」與「明萬曆中周氏覆宋九行十六字本」〔註157〕等民間翻宋本。徐兆瑋《日記》載「張雙南有宋板《晉書》一部，各家藏書志皆未著錄。秉衡謂於盛氏藏書樓見一部，與雙南本同，而係明人翻刻。繆筱珊謂原本即蜀大字本，世不多見也」〔註158〕。

再者，《脈望館藏書目》著錄有石刻經書「甲」、「乙」二集。當為兩套。兩套皆為十二經（按：又皆有《五經文字》一種），中無《孟子》。各經本、套數一致，當為同源複本。

乾隆之前，完整的石刻十三經有兩種。一為唐開成石經，初為十二種，後附《五經文字》、《新加九經字樣》。於康熙間補入《孟子》，乃成完帙。一為蜀石經，五代時孟昶所刻。本為十種，至北宋末年補入《公羊》、《穀梁》、《孟子》，成為明代之前唯一一部完整的石刻十三經。

此二種中，蜀石經的石刻早已毀亡，僅有零殘拓片存世，十分珍罕。劉世珩收藏有蜀石經殘片若干種。民國間，劉體乾將所藏殘片以石印形式影出，稱《孟蜀石經》，共計八本。

嘉靖乙卯（1555）關中大地震，開成石經被嚴重損壞，後有王堯惠等人補刻，立石旁置，而石經原貌無復存在。開成石經的拓本流傳較廣，以乙卯前拓本為珍。趙崡《石墨鐫華》稱「今華下東生文彡家，有乙卯以前拓本，庶幾稱善焉」〔註159〕。趙琦美家藏者雖稱「石刻十三經」，然無《孟子》，又有《五經文字》，當為開成石經無誤。其稱「十三經」者，或因其為十三種之故。

開成石經為成書最早、保存最完整的經書白文，且為官定樣本，名家書寫，價值極高。趙琦美收藏的這兩套開成石經的拓本，無論是否原拓，價值已是非凡。其於《脈望館藏書目》中首置此二種石刻經書，且分為二集、一一重複著錄，自是認識到了石本經書的重要價值，且對此表現了高度的重視。

〔註157〕（清）邵懿辰撰，邵章續錄：《增訂四庫簡明目錄標注》，第197、198頁，上海：上海古籍出版社，1959年。

〔註158〕（清）徐兆瑋著，李向東、包歧峰、蘇醒等標點：《徐兆瑋日記》二，第1506頁，合肥：黃山書社，2013年。

〔註159〕（明）趙崡：《石墨鐫華》卷二《跋四十二首》，清《知不足齋叢書》本。

　　明洪武間取各地書板送貯南京國子監，《眉山七史》亦在其中。嘉靖初，南監祭酒張邦奇校刻《二十一史》，其中《宋史》以廣東板配補，《陳書》仍用舊板。明萬曆間北京國子監刻《十三經》，「創始於萬曆十四年，到廿一年完成」，「其板視南稍工」〔註 160〕。

　　顧炎武《日知錄》批評北監本《十三經》、《二十一史》「校勘不精，訛舛彌甚，且有不知而妄改者」〔註 161〕，幾乎成爲後世定論。業師杜澤遜教授以顧炎武所指北監本《儀禮注疏》的兩段脫文爲切入點，考述《儀禮》歷代各本的，追述脫文產生的歷史原因，認爲顧氏所指的北監脫文雖存在、但並非自北監本始。而這恰恰表明了北監本對文獻原貌的尊重，是其對古籍流傳作出的貢獻之一。北監本《十三經注疏》「校勘質量總體上高於元刊明修十行本、李元陽本、汲古閣本，已是事實」〔註 162〕。

　　監本雖然質量較高，但於其時較爲常見。趙琦美於書目中將監本、內板都一一注明，強調的當爲書籍的官板屬性。官刻之外，趙琦美亦將麻沙、建本單獨標出，當是對此二類書籍的優劣特性具有較爲深刻的認識。

　　藏書家多有重視批點本者，若爲名人批點則價值更重。趙用賢藏書即喜批校，其家藏書籍中多有用賢手批之本。如《韓文》、《李空同集》等。趙琦美亦善校改，曾歷經多年、耗費鉅資批補《洛陽珈藍記》、《營造法式》等書。又抄校了《古今雜劇》，收錄元明雜劇 340 多種，中多孤本、秘本，極爲珍貴。《脈望館藏書目》將名家批校本皆予以標識，也是趙琦美重視批點的表現之一。

　　歷代學者往往採取以己意詮釋經典的做法，從而借聖賢之口傳播自身思想理念與政治主張。梁啓超《新學僞經考》、《孔子改制考》二書便是這種目的的產物。鄭珍有《古本〈大學說〉序》，敍述了《大學》從古本到二程改本、朱子改本（《章句》）乃至各家改本的過程。明代之後，王陽明提出恢復《大學》古本的建議，認爲「且舊本之傳數千載矣，今讀及文詞，既明白而可通；論其工夫，又簡易而可入，亦何所按據而斷其此段之必在於彼，彼段之必在於此，與此之如何而缺，彼之如何而補」〔註 163〕。《脈望館藏書目》中著錄有

〔註 160〕　（清）錢大昕：《十駕齋養新錄》，第 117 頁，上海：商務印書館，1935 年。
〔註 161〕　（清）顧炎武：《日知錄》卷十八，清乾隆刻本。
〔註 162〕　杜澤遜：《「秦火未亡，亡於監刻」辨：對顧炎武批評北監本〈十三經注疏〉的兩點意見》，《文獻》，2013 年第 1 期。
〔註 163〕　（明）王守仁：《傳習錄》，《王陽明全集》上，第 66 頁，北京：線裝書局，2013 年。

「古本《大學》、明道改本《大學》、伊川改本《大學》、晦庵改本《大學》共
一本」者，乃是將《大學》一書的原本與歷代改本合訂之書。這種裝訂形式
可以爲讀者提供更爲客觀的參考，價值較高（按：楊新勳《宋代疑經研究》
有「宋代《大學》改本對照表」，可供參考）。

《脈望館藏書目》將白口板亦單獨標識。宋刻版心多白口，蒙元以至明
代前期，書籍多爲黑口。嘉、隆、萬之後，翻宋刻成風，白口板又復抬頭。
趙琦美關注白口板的行爲，實際顯示出的是對宋版書的重視。藏書家通過書
口的時代特色來鑒定版本這一做法，趙琦美當爲較早的實踐者。

此外，《脈望館藏書目》又對嘉趣堂翻宋刻的《文選》作有標識，稱「袁
家板」。嘉趣堂《文選》在明代即受到重視這一事實，由此可見一斑。

趙琦美歿後，藏書基本歸於同郡錢謙益。錢曾《讀書敏求記》曰「武康
山中白晝鬼哭」〔註164〕者，爲紀昀稱爲「千古癡魂」，是爲可歎。趙氏父子藏
書、爲學一脈相承。其愛書之篤、讀書之勤、版本校勘學問之深，對錢謙益、
錢曾等人皆有深刻的影響，開常熟藏書風氣之先。錢謙益《列朝詩集小傳》
多次記載趙氏父子勤勉爲學之事，自己亦篤學不怠。毛晉曾師從錢謙益，提
倡舊刻。而錢曾則盡得錢謙益藏書。錢曾亦勤於校勘、編目，所撰《讀書敏
求記》、《述古堂書目》、《也是園書目》等，對書籍的版本、校勘情況等皆有
著重著錄。錢謙益、錢曾、毛晉、毛扆等清代常熟藏書家的書目、版本意識，
與趙氏父子的前鑒密不可分。

五、《脈望館藏書目》與《趙定宇書目》的承繼關係

趙氏父子藏書、編目一脈相承。無論是從著錄內容還是編纂體例看，《脈
望館藏書目》都是在《趙定宇書目》的基礎上形成的。

從著錄書籍的數量來看，《趙定宇書目》著錄 3400 種，《脈望館藏書目》著
錄 4760 種〔註165〕，增加了千種有餘，可見趙琦美在家傳藏書的基礎上又進行
了不少續增工作。這點從該目之末的「續添」三種中亦可得到確證。以兩目皆
單獨著錄的楊愼著作爲例。《趙定宇書目》收錄楊愼著述 43 種，而《脈望館藏
書目》則收錄 62 種（按：「升菴」類收錄 61 種，「續增」1 種，見下文），可見

〔註164〕 （清）錢曾：《讀書敏求記》卷二，清雍正四年（1726）松雪齋刻本。
〔註165〕 按：此數目爲該目所著錄之總和，但「調字號・續添」一類 55 種，中書籍僅
22 種，其餘 33 種則爲墨、硯等物，若排除在外，則總著錄書籍數目爲 4727
種。

趙琦美對楊慎著作是進行了專門的收集工作的（按：《脈望館藏書目》將《趙定宇書目》中的沈濱莊藏書以及《稗統》三種內的各書皆散入四部、唯獨保留了將楊慎著述單獨設類這一傳統。這一舉動亦可看出其對楊慎著作的用心之專）。

　　《趙定宇書目》首次將千字文編號法引入了私家藏書目的編纂體例之內，但只使用了「天字號」一種，具有探索性的意味。其後，《脈望館藏書目》在編纂中成熟運用了千字文編號，採用了自「天」至「調」的 31 字編號，並結合分櫥，便於歸類查找。

　　然而，千字編號結合分櫥的藏書方法亦有其缺點。因編號在先，則書櫥一旦貯滿，新收之書便無法依類歸置。《脈望館藏書目》經、史、子、集四類之後的「萬曆四十一年九月廿六日續增未分經史子集書目」、「四十一年十一月十二日兩兒於常州帶歸續增書」、「本年十一月廿日衛奎帶歸」3 類皆為這種情況。值得指出的是，「萬曆四十一年九月廿六日續增未分經史子集書目」內有「楊升庵《南中集》」一種，為楊慎著作之一。該書未見載於《趙定宇書目》，可補「楊升庵書集目錄」之缺，為後世輯錄楊慎著作增加了線索。

　　此外，《脈望館藏書目》於編纂中綜合併用了多種設類依據。趙琦美在繼承《趙定宇書目》編纂體例的基礎上進行了一定的改進，使得《脈望館藏書目》成為明代書目中成功運用多種設類依據劃分類目的典範。

　　整體而言，《脈望館藏書目》以經、史、子、集四部統攝全目、將史部重置經部之後、將碑帖單置，強調的是書目的學術性以及「尊經」意義。其將志書置於史部之內、將小學、釋道、詞曲、醫書等置於子部之內、將各朝文集統歸於集部、將沈濱莊藏書與《稗統》三種中的書籍各依其自身屬性散入四部的做法，則較好地保證了該目整體上的邏輯統一。而將舊板書後置，則體現出對善本的強調。

　　於各部之內，《脈望館藏書目》又採用了多種分類依據相結合的設類方式。其中有依學術性分類者。如經部的「易」、「尚書」、「毛詩」各類，史部的「正史」、「雜史」、「職官」各類，子部的「小學」、「書畫」、「書目圖籍」、「小說」各類，集部的「總文」、「總詩」、「四六」、「詩話」各類等。有依版本歸類者。如經部中的石刻二種（按：為「總類」〔註 166〕及《十三經》）、北監板一種（按：為《十三經注疏》）。有依著作者歸類的。如史部的「聖製」、「升菴」2 種。有依年代歸類者。如「碑帖」類下分「唐」、「禹」、「漢」、「後

〔註 166〕按：此類所著錄之書籍皆標識為石刻本。

漢」、「宋周」、「周」、「晉」、「北齊」、「秦」、「金」、「吳」、「元」、「本朝」、「雜」
14 目。其中前 13 目皆以朝代為限，惟不辨朝代之碑帖歸為雜目，亦有追求嚴
謹的意思。有依行政區劃歸類者。如史部的「北直」、「南直」、「北京」、「雲
南」等 22 類。有依刑政部門歸類者。如史部的「吏部」、「戶部」、「禮部」、「兵
部」、「刑部」、「工部」7 類。有依保存狀態分類者。如舊板書部分分為「不全
宋元舊板書」與「（保存完整的）舊板書」兩種。

　　《脈望館藏書目》在編纂中往往將多種分類依據於同級類目中混用。例
如該目將經、史、子、集與舊板書並作一級類目，又於史部之中，將各地的
志書、各行政部門以及個人的著述與「正史」、「雜史」等類目並行為二級類
目。這種設類方式則如《趙定宇書目》將各代文集皆作一級類目的做法類似，
造成了類目之間的界限模糊。而其將「元人文集」置於子部，將「詞類・集」
歸於史部，將《王巽菴書目》、《古今書刻》、《徐警弦家藏書目》置於「小學
類」等行為，則是明顯的歸類不當。

第六節　高儒《百川書志》

一、《百川書志》的作者高儒

　　《百川書志》，明高儒撰。高儒，字子醇，號百川子，涿州人。儒父榮，
伯父得林，祖父英，叔祖鳳。據羅旭舟《高儒生平家世與〈百川書志〉》一文
考證，高儒祖父高英及以前先祖皆「隱農弗耀」，即未有功名者。其叔祖高鳳
淨身為宦得勢，高得林蒙恩蔭，官至後軍都督府右都督，正一品，高榮亦官
至錦衣衛指揮同知，從三品，高氏一族乃得顯赫。得林身後無子，亡故後高
儒執人子禮營葬。故而高氏藏書當自高鳳始，傳至高儒。《高榮墓誌銘》有云：
「以故，儒雖蔭武，而能博極群書，旁通詩賦，且深究諸兵家方略，武科之
□……」知高儒雖為武弁，卻具有較高的文化修養。

二、《百川書志》的成書

　　《百川書志》高儒自序曰：「追思先人昔訓之言曰：讀書三世，經籍難於
大備，亦無大闕。爾勉成世業，勿自取面牆之歎。予對曰：小子謹書紳。」
可知其有藏書、讀書的家訓、家風。為「愈勵先志」，高儒乃「銳意求訪」，

搜求書籍。《百川書志序》稱「閒居啓先世之藏、發數年之積，不啻萬卷」，「或傳之士大夫，或易諸市肆」，可知其藏書的來源大概有三：一是家族累世所藏，二是來自士大夫之家，三是購於坊肆之間。

羅旭舟重點考證了《百川書志》中來自官宦之間的書籍，認爲這些書籍其一爲衛所武官著作，如卷之五「狀元記事三卷，皇明揚州衛指揮使玩浙野橋賓館張乾山編述」，卷之六「花影集四卷，致仕應天衛指揮事夕川老人陶輔廷弼著」，卷之十七「秋碧軒集五卷，南京濟川衛指揮使陳鐸大聲著」等等。其二爲藩府著述。《百川書志》中收錄了大量的藩府著作，尤以「周藩周憲王朱有燉著作收錄最全，有燉所作雜劇三十一種皆首次詳細錄載，普通人似非能得周王著作如此全備」〔註 167〕，因高家世代爲武官，與藩府過往甚密，故而推測此類書籍直接得之於藩府。其三是望族著作。高、武二家關係密切，《百川書志》中亦多收錄武定侯郭勳的著作。其四是內府刻書。高儒叔祖高鳳任職司禮監入監，司禮監下設經廠，乃是內府刻書之所。《百川書志》所收書籍多有內府刻本，其卷四「《少微通鑑外紀》四卷」、「《少微通鑑節要》五十卷」下，高儒稱：「二書俱內府板，與外本大同小異。」

經籍既聚，連牀插架，難於檢索。且「書無目，猶兵無統馭、政無教令，聚散無稽矣」。高儒乃「六年考索，三易成編」。「書刻類中，注陳書後，頓忘寒暑，蠹檢篇章，志略始成」，「各以類從，少著大意，條目昭明」。〔註 168〕

高儒《〈百川書志〉序》作於「大明庚子歲嘉靖」，即嘉靖十九年（1540），《序》中稱「六年考索」，可推知書目編纂工作始於六年之前，即嘉靖十四年（1535），正是其父高榮去世之後。所謂「三易成編」，當是指經過多次訂改，這也是學界認爲《百川書志》只能以抄本傳世以及對其完整性存疑的原因之一〔註 169〕。

三、《百川書志》的版本

（一）清抄本。二十卷，一冊，十行二十四字無格，國圖（清曹琰校），北師大，上海，復旦。

〔註 167〕羅旭舟：《高儒生平家世與〈百川書志〉》，《中國典籍與文化》2014 年第三期，第 101 頁。

〔註 168〕（明）高儒：《〈百川書志〉序》二則，《觀古堂書目叢刊》本。

〔註 169〕按：詳見羅旭舟：《高儒生平家世與〈百川書志〉》一文，《中國典籍與文化》2014 年第 3 期。

（二）清王端履抄本（清丁丙跋）。南京。

（三）《千墨菴叢書七種》本。稿本，復旦。清抄本，傅斯年圖。舊抄本，中
央研究院史語所。

（四）清道光二十八年（1848）劉氏嘉蔭簃抄本，清劉喜海跋，二十卷，一
冊，十行二十四字，綠格白口四周單邊，國圖。

（五）繆氏藕香簃抄本（葉德輝校並跋），湖南。

（六）湘潭葉氏刻本，《觀古堂書目叢刊》之一。國圖，上海，遼寧，山東，
南京，浙江。《中國歷代書目題跋叢書》據以影印。

（七）民國二十四年（1936）長沙中國古書刻印社匯印本，《郋園先生全書》
之一。國圖，北大，上海，復旦，哈爾濱，南京，浙江，武大，川大。

四、《百川書志》的編纂體例

　　《觀古堂書目叢刊》本《百川書志》前有百川子高儒的自序二則，稱書
目「聚非一日」，讀不可一時，且「書無目，猶兵無統馭、政無教令，聚散無
稽矣」，因而編撰《百川書志》，「各以類從，少著大意，條目昭明」，以期「庶
慰先人教子之心，以逭聚散不常之誚」。又有葉德輝《校刻〈百川書志〉序》
一篇，介紹了其校刻《百川書志》的原因，及其以家藏朱彝尊曝書亭寫本、
繆氏舊抄本與吳氏舊抄本互校成書的過程。後接《百川書志總目》，依四部分
20 卷，細列類目 93 種〔註170〕。《總目》之後乃是正文，著錄書名、卷數，間
有提要。提要首錄作者信息，盡可能地著錄了作者的年代、姓名、別名、官
職、諡號等。次錄書籍內容，間有評論，皆為高儒自己的讀書體會。其著錄
體例如下：

　　　　《大明會典》一百八十卷，《序例目錄》二卷

　　　　　國朝弘治年少師吏部尚書華蓋殿大學士臣李東陽等奉敕纂修諸
　　　司衙門。統理事物，因革損益，上尊成憲，下博典籍，以成一代之
　　　典，頒佈臣工，永為遵守。

　　《百川書志》的類目設置及各類著錄數量詳見下表：

〔註170〕按：總目 93 種，較之正文脫「聖朝文集」一種，衍「唱和」一種，「聖朝御
　　　　製文、睿制文、名臣文」3 種為「國朝」替代，「聖朝御製詩集、睿製詩集、
　　　　名臣詩集（2 種）」4 種亦為「國朝」替代。去衍增脫，加以置換，得 89 種。
　　　　詳見「附錄」。

部　目	細　目	種　數	總　計
經志	正經易	10	16 類 239 種
	書	10	
	詩	8	
	禮	14	
	春秋	14	
	大學	12	
	中庸	6	
	論語	5	
	孟子	4	
	孝經	5	
	經總	13	
	儀注	29	
	小學	42	
	道學	41	
	樂	7	
	蒙求	19	
史志	正史	18	21 類 338 種
	編年	15	
	起居注	2	
	雜史	8	
	史鈔	6	
	故事	34	
	御記	3	
	史評	16	
	傳記	73	
史志	職官	10	
	地理	35	
	法令	18	
	時令	5	
	目錄	4	
	姓譜	3	

部　目	細　目	種　數	總　計
	史詠	7	
	譜牒	6	
	文史	1	
	野史	2	
	外史	59	
	小史	13	
子志	30 類	569 種	30 類 569 種
	儒家	32	
	道家	19	
	法家	2	
	名家	4	
	墨家	2	
	縱橫家	2	
	雜家	10	
	兵家	30	
	小說家	117	
	德行家	25	
	崇正家	5	
	政教家	12	
	隱家	8	
	格物家	25	
	翰墨家	35	
子志	農家	32	
	醫家	71	
	衛生術	7	
	房中術	3	
	卜筮家	9	
	曆數家	3	
	五行家	14	
	陰陽家	10	
	占夢術	2	

部　目	細　目	種　數	總　計
	刑法家	3	
	神仙家	29	
	佛家	11	
	雜藝術	22	
	子鈔	4	
	類書	21	
集志	秦漢六朝文	12	21類990種
	唐文	18	
	宋文	30	
	元文	22	
	聖朝御製文、睿制文、名臣文〔註171〕、漢魏六朝詩	17	
	唐詩	160	
	宋詩	40	
	元詩	57	
	聖朝御製詩集、睿製詩集、名臣詩集〔註172〕、詔制	5	
集志	奏議	23	
	啓箚	11	
	對偶	7	
	歌詞	35	
	詞曲	22	
	文史	54	
	總集	98	
	別集	67	
	唱和〔註173〕、紀跡	7	
	雜集	48	
4部	89類	2136種	總　計

〔註171〕按：正文中無此三目類，以「國朝」類替代之，爲63種。
〔註172〕按：正文中無此三目類，以「國朝」類替代之，爲191種。
〔註173〕按：正文中無此目類，其內容當包含於「別集」類中。

五、《百川書志》的特色

（一）《百川書志》的分類特色

　　從分類體系上看，《百川書志》繼承了四部分類法，然其二級類目大量增加、類目較之前代更爲細密的特點，又是對傳統四部分類法的突破。

　　高儒編撰此目，「大分四部，細列九十三門，裁訂二十卷」〔註 174〕。自《隋書・經籍志》創立四部分類法之後，各家公私書目都多有沿用，然其類目於數量上未有超過《百川書志》者。錢亞新將《隋書・經籍志》之後、《百川書志》之前採用四部分類法的 8 種書目進行了對比，發現《隋書・經籍志》的類目爲 40 種，《唐書・經籍志》爲 42 種，《新唐書・藝文志》爲 44 種，《崇文總目》爲 45 種，《郡齋讀書志》爲 42 種，《直齋書錄解題》爲 52 種，《宋史・藝文志》爲 43 種，而《百川書志》爲 89 種〔註 175〕。

　　《百川書志》中，不僅二級類目的數量較之前代大爲增多，新的類目也隨之出現。史志中新增「野史」、「外史」、「小史」三個類目，集志中將「文」與「詩」依照朝代順序分別著錄爲「秦漢六朝文」、「唐」、「宋」、「元」、「聖朝文集」、「國朝」與「秦漢六朝詩」、「唐」、「宋詩」、「元」、「國朝」，較之前代更爲精密。

　　《百川書志》在具體的著錄過程中存在一些錯誤，這是無可避免的。如「野史」、「外史」、「小史」三個類目中，「既有小說，又有元曲明劇，更有瑣語，這些都屬文學作品，而偏偏要用『史』來標目，導致文史混淆，虛實莫辨」〔註 176〕。周中孚批評曰：「然以道學編入經志，以傳奇爲外史，瑣語爲小史，俱編入史志，可乎？儒家外，別分德行、崇正二家，亦太叢雜不倫矣。」〔註 177〕

（二）《百川書志》的著錄特色

1.《百川書志》對合併著錄法的運用

　　錢亞新列有《百川書志》所著錄的前代和明代著作提要類別統計表，發

〔註 174〕（明）高儒：《百川書志序・二》，《觀古堂書目叢刊》本。按：當爲 89 門。
　　　　　前已論證，此不贅述。
〔註 175〕按：錢亞新稱 91 種。
〔註 176〕錢亞新：《試論〈百川書志〉在我國目錄學史上的價值》，《圖書館雜誌》。1985
　　　　　年第 1 期。
〔註 177〕（清）周中孚：《鄭堂讀書記》目錄類經籍之屬，上海：上海書店出版社，2009
　　　　　年，第 1152 頁。

現該目中爲明代著作而寫的提要比前代的每百種書要多 9 篇。這與其「薄古厚今」的收書原則是相吻合的〔註 178〕。

　　《百川書志》的提要形式大略可分爲兩種，一種附於各書之後，每書單做一提要。如卷之八子志「小說家」：

　　　《世說新語》八卷

　　　　宋臨川王劉義慶撰，梁劉孝標注，須谿劉辰翁批點。凡三十六
　　門。

又有一種是將同類書籍排列一處，末附一個總結性提要。如卷二十集志「雜集」類著錄「《太白樓集》十卷」等十九種：

　　　《太白樓集》十卷

　　　　……

　　　《止菴詩集》一卷

　　　　以上十九書，因一古蹟，一今跡，或編類篇章，動成卷帙，蓋
　　彰美於名山勝景，遊居佳境也。

這種將同類書籍合併解題的方式，避免了語言上的重複性，體現了其「不冗不漏」〔註 179〕的特性，提高了書目的學術性價值。高儒於《百川書志‧序》中稱其校理書目「各以類從，少著大意，條目昭明」。錢亞新稱其提要「言簡意賅」，「不繁不簡」，「大概是受了鄭樵批評《崇目》、《唐志》的不當、要求『不可執一概之論』和『當觀其可不可』思想的影響」〔註 180〕。

　　2.《百川書志》對互著別裁法的運用

　　　筆者認爲，目錄學中的「互著法」是指在書目的編撰過程中，將同一部書籍於不同的類目中多次著錄，而「別裁法」是指將一部書中的某一篇章取出，使之獨立成篇並同時置於某一個（或幾個）類目中。對於目錄學中的「互著」、「別裁」方法的產生，學界向來眾說紛紜。章學誠《校讎通義》稱二法皆肇始於《七略》，而「《漢書‧藝文志》之後無互注之例，鄭樵不知互注之法」，「《隋書》、《文獻通考》無別裁」〔註 181〕。

〔註 178〕錢亞新：《試論〈百川書志〉在我國目錄學史上的價值》，《圖書館雜誌》，1985
　　　　　年第 1 期。
〔註 179〕（清）丁丙：《善本書室藏書志》卷十四，清光緒刻本。
〔註 180〕錢亞新：《淺論〈百川書志〉在我國目錄學史上的價值》，《圖書館雜誌》，1985
　　　　　年第 1 期。
〔註 181〕呂紹虞：《中國目錄學史稿》，第 144 頁，武漢：武漢大學出版社，2012 年。

　　呂紹虞《中國目錄學史稿》則否定了章氏的觀點，認為「互著」、「別裁」始於《澹生堂藏書目》：「《澹生堂藏書目》不但分類詳細，並且還採用了『通』和『互』的方法，使目錄更好地反映藏書的內容。祁氏所謂『通』和『互』，即後來章學誠所說的別裁、互著。祁氏首先應用『通』、『互』方法，並闡述『通』、『互』的意義和作用，為我國目錄學增添了新的內容。」〔註182〕

　　王重民《校讎通義通解》與喬好勤《中國目錄學史》則認為互著法首先見於馬端臨《文獻通考・經籍考》。

　　王重民《中國目錄學史論叢》稱：「……馬端臨在這樣的目錄中開始使用了互見方法。《玉海・藝文》的互見是類書的互著，還不純屬於目錄學上的互見方法，所以《經籍考》開始採用互見的方法，也是值得注意的。」〔註183〕《校讎通義通解》稱：「……馬端臨在十四世紀初編成的《文獻通考・經籍考》已經正式使用互著法，但只有一兩處，迹象並不是十分明白的。」〔註184〕

　　喬好勤《中國目錄學史》稱：「……漢初焦延壽（字贛）曾從孟喜學《易》，並授之於京房，是《易》學的一個流派。但所著《易林》變六十四卦為4096首，皆為韻語，「大抵皆卜筮、陰陽、氣候之言，不復更及《易》道」。晁公武、陳振孫已將此書列入「卜筮類」。馬端臨《經籍考》於經部「易類」僅列其目，注云：「說見卜筮門。」查子部「卜筮類」即得《焦氏易林》16卷，有引錄晁氏、陳氏、葉氏語以為提要，這是從輔助著錄見基本著錄的典型的互著方法。」〔註185〕

　　王承略師認為《文獻通考・經籍考》並非有意識地採用別裁法。「《文獻通考・經籍考》於子部農家類著錄秦少游《蠶書》並注『見少游《淮海集》第六卷』。《淮海集》30卷，著錄於別集類。此當是別裁法。但馬氏似乎不是有意識地採用，全目僅此一例而已」〔註186〕。王國強認為「率先採用互著法並發明別裁法的應是編於嘉靖十九年的《百川書志》」〔註187〕。筆者認同這一說法，現略作舉證如下：

〔註182〕呂紹虞：《中國目錄學史稿》，第130、132頁，武漢：武漢大學出版社，2012年。

〔註183〕王重民：《中國目錄學史料論叢》，第162頁，北京：中華書局，1984年。

〔註184〕王重民：《校讎通義通解》，第13頁，上海：上海古籍出版社，1987年。

〔註185〕喬好勤：《中國目錄學史》，第248頁，武漢：武漢大學出版社，1992年。

〔註186〕王承略：《試論〈文獻通考・經籍考〉的著錄依據和著錄方法》，《古籍整理研究叢刊》第2輯，山東大學古籍所。

〔註187〕王國強：《明代目錄學研究》，第235頁，鄭州：中州古籍出版社，2000年。

（1）《百川書志》中的「互著法」

史志「傳記」類有：

> 《麟臺野筆》二卷。皇明鄉進士東流道人陶性著開元天寶遺事。

> 各長短詠之，以陳風刺。

子志「小說家」類復著錄爲：

> 《麟臺野筆》一卷。皇明鄉貢進士東流道人陶性著。止賦三篇。

集志「別集」類又著錄爲：

> 《麟臺野筆》一卷。皇明鄉貢進士東流道人陶性著。止賦三篇。

《麟臺野筆》爲文言筆記小說。置於「傳記」類，是考慮該書的著錄內容；置於「小說家」類，是依其體裁；置於別集，凸顯的則是陶性的作者身份。三處互爲照應補充。

又如子志「小說家」類有《四端通俗詩詞》、《金沙賦》、《翰林策要》、《策學矜式五段錦》四種，於集志「別集」類中亦有著錄，且著錄內容一字不異，當爲有意識的、自覺性的著錄。

（2）《百川書志》中的「別裁法」

集志「唐」類：

> 《韓昌黎文集》四十卷《外集》六卷。《順宗實錄》詳見史志。

史志「起居注」類著錄爲：

> 《唐順宗實錄》五卷。唐韓愈撰。

可知《順宗實錄》爲《韓昌黎文集》收錄。

同樣的情況又如集志「唐」類：

> 《柳子厚文集》四十三卷《外集》二卷《附錄》一卷。

> 《非國語》詳見經志。

經志「春秋」類著錄爲：

> 《非國語》二卷。唐子厚柳宗元撰。

同上可知，《非國語》爲《柳子厚文集》中的一種。

又，若同一著作集中既有詩歌，又有文章，則高儒會在集志的詩、文兩處分別著錄。如卷十三集志「國朝」類：

> 《節菴集》一卷。浙江參政東安李德恢叔恢撰。文止十五篇。

卷十七集志「國朝」類則著錄爲：

> 《節菴集》一卷。大中大夫浙江參政東安李德恢撰。詩止四十

六首。〔註188〕

這兩處記載，雖未將《節菴集》中的詩、文單篇提出，然述其詩、文數量概況，可視爲「別裁」的一個變體。

關於《百川書志》中互著、別裁法的運用，王國強《目錄學研究》做有較爲詳細的例證考述，使得本節在查考時更有目標，節省了很多時間。前人之功，不敢掠美，特爲指出。

六、《百川書志》的價值

在集志「小說家」這一類目中，高儒收錄歷代小說多達 117 種。新增添的類目中，「野史」著錄《三國志通俗演義》與《忠義水滸傳》二種演義小說；「外史」主要著錄戲曲，如《西廂記》、《天香圃牡丹品傳奇》、《王十朋荊釵記》等；「傳記」著錄了大量唐傳奇，如《開天傳信記》、《開元天寶遺事》、《楊妃傳》、《李娃傳》等；「詞曲」類著錄樂府、南北曲 22 種等等。

《百川書志》不僅大量著錄演義、小說、戲曲、傳奇等作品，且給予它們較高的評價。「野史」類「《三國志通俗演義》二百四卷」下稱「晉平陽侯陳壽史傳，明羅本貫中編次。據正史、採小說、證文辭、通好尚，非俗非虛，易觀易入，非史氏蒼古之文，去瞽傳詼諧之氣。陳敍百年，該括萬事」；「小史」類「《效顰集》三卷」下稱「漢陽教諭南平趙弼撰述。凡二十五篇，言寓勸誡，事關名教。有嚴正之風，無淫放之失，更兼諸子所長，文華讓瞿，大意迥高一步」。由此可見，以高儒爲代表的明代目錄學家面對俗文學數量增加、地位上升的現實不僅接受，而且非常重視。

古典文學出版社《百川書志·出版說明》稱：「高儒在書目裏著錄了當時士大夫階級以爲不登大雅之堂的小說、戲曲的目錄，並且把他們列入史部裏面，提出了他對這些書的獨到看法。書目卷六野史、外史、小史三門中對於演義、傳奇等創作的著錄，則是今日研究金、元、明文學的重要材料。」〔註189〕重視對小說、戲劇、傳奇、演義等俗文學的著錄，是明代私家書目的一個重要特色，是研究明代文學藝術的重要材料來源。

《百川書志》中保存了珍貴的書籍信息，爲後世所稱引。葉德輝稱：「明涿州高儒，富藏書，撰《百川書志》二十卷，新城王文簡士禎《居易錄》嘗

〔註188〕 按：此處葉德輝按曰：「此與卷十三重複著錄，但彼解題記文數，此記詩數。」
〔註189〕 《百川書志·出版說明》，上海：古典文學出版社，1957 年。

稱引之。黃虞稷、周在浚等《徵刻唐宋秘本書目略》亦列其名，可知此書久
爲當時士大夫所推重也。」〔註 190〕（雍正）《浙江通志》引用《百川書志》多
達 115 次，《溫州經籍志》引用 26 次，《四庫全書總目》引用 9 次，《鄭堂讀書
記》、《日下舊聞考》、《善本書室藏書志》等書亦多援《百川書志》爲據。

　　《百川書志》於中國古代書目編纂中首次正式採用了互著與別裁的著錄
方法。互著、別裁法的採用可以使書目更好地照顧到同一部書的多種性質，
盡可能地避免因分類不當引起的檢索困難。《百川書志》之後，晁瑮的《寶文
堂書目》、趙用賢的《趙定宇書目》、王圻的《續文獻通考・經籍考》等皆將
互著或者別裁結合在書目的編纂體例之中。此外，祁承㸁更對此二種方法進
行了理論闡述，加以總結昇華，提出了「互」、「通」的書目編纂理論，成爲
明代目錄學史的重要組成部分。互著、別裁的書目編纂方式得到了後人的認
可，章學誠稱「篇次可以別出，則學術源流無闕間不全之患也；部目可以互
見，則分綱別紀無兩歧牽掣之制也」〔註 191〕，給予其高度評價。

〔註 190〕　葉德輝：《校刻〈百川書志〉序》，上海：古典文學出版社，1957 年。
〔註 191〕　（清）章學誠著，葉瑛校注：《文史通義校注》，第 653 頁，北京：中華書局，
　　　　　　1985 年。